- Ucapan Bahagia -

ORANG YANG MENGEJAR BERKAT SEJATI

DR. JAEROCK LEE

URIM
BOOKS

"*Diberkatilah orang yang mengandalkan TUHAN*
Yang menaruh harapannya pada TUHAN.
Ia akan seperti pohon yang ditanam di tepi air,
Yang merambatkan akar-akarnya ke tepi batang air
Dan yang tidak mengalami datangnya panas terik;
Yang daunnya tetap hijau,
Yang tidak kuatir dalam tahun kering
Yang tidak berhenti menghasilkan buah."

(Yeremia 17:7-8)

ORANG YANG MENGEJAR BERKAT SEJATI oleh Dr. Jaerock Lee

Diterbitkan oleh Urim Books (Representatif: Kyungtae Noh)
73, Yeouidaebang-ro 22 Gil, Dongjak Gu, Seoul, Korea
www.urimbooks.com

Kecuali kalau disebut lain, semua Ayat bacaan diambil dari Holy Bible, NEW AMERICAN STANDARD BIBLE, *, Hak Cipta © 1960, 1962, 1963, 1968, 1971, 1972, 1973, 1975, 1977, 1995 oleh The Lockman Foundation. Digunakan dengan izin.

Sebelumnya diterbitkan pada tahun 2007 ke dalam Bahasa Korea oleh Urim Books, Seoul, Korea.

Edisi Pertama Februari 2012

Diedit oleh Dr. Geumsun Vin
Dirancang oleh Biro Editorial Urim Books
Untuk informasi lebih lanjut hubungi urimbook@hotmail.com

Pendahuluan

Ada sebuah kisah yang ditulis di sebuah universitas di Roma. Seorang mahasiswa yang mengalami kesulitan keuangan datang kepada seorang laki-laki tua yang kaya untuk meminta bantuan. Orang tua itu bertanya kepadanya di mana ia akan menghabiskan uangnya. Mahasisawa itu menjawab untuk menyelesaikan kuliahnya.

"Kemudian?"

"Saya akan mengumpulkan uang."

"Kemudian?"

"Saya akan menikah."

"Kemudian?"

"Saya akan menjadi tua."

"Kemudian?"

"Saya akhinya akan mati."

"Kemudian?"

"..."

Ada pelajaran yang sangat baik dalam cerita ini. Jika siswa itu adalah orang yang sedang mencari berkat sejati yang dapat ia miliki selamanya, ia pasti akan menjawab, "Saya akan masuk surga."

Umumnya, di dalam masyarakat ini, orang berpikir bahwa memiliki hal-hal seperti kekayaan, kesehatan, kemasyhuran, autoritas, dan damai sejahtera di dalam keluarga adalah berkat. Mereka berjuang untuk memiliki semua ini. Tetapi jika kita melihat ke sekeliling, kita dapat meneukan bahwa ada sedikit orang yang dapat menikmati semua berkat ini.

Mungkin ada keluarga yang kaya, tetapi banyak dari mereka yang mengalami masalah dalam hubungan dengan orangtua, anak-anak, atau iparnya. Bahkan orang yang sehat dapat kehilangan nyawanya setiap saat karena kecelakaan atau penyakit.

Pada bulan April 1912, ada ribuan orang yang sedang berjalan-jalan dengan tenang di sebuah kapal pesiar yang mengalami kecelakaan tragis. Titanic, dengan 2.300 penumpang di atasnya, bertabrakan dengan gunung es dan tenggelam pada pelayaran pertamanya. Titanic adalah kapal pesiar terbesar di dunia yang membanggakan kesempurnaan dan kemewahannya, tetapi tidak seorang pun tahu apa yang akan terjadi dalam beberapa jam saja.

Tidak ada orang yang dapat memberi tahu dengan pasti tentang hari esok. Bahkan jika seseorang menikmati kekayaan, kemasyhuran, dan autoritas di dunia ini seumur hidupnya, ia tidak akan bisa menjadi orang yang diberkati jika ia masuk ke neraka dan menderita selamanya. Karenanya, berkat yang sejati adalah menerima keselamatan dan masuk ke dalam kerajaan surga.

Sekitar 2.000 tahun yang lalu, Yesus memulai pelayanannya

dengan pesan, "Bertobatlah, karena kerajaan Allah sudah dekat!" Pesan pertama yang mengikuti pernyataannya adalah "Ucapan Bahagia (Beatitudes)", yang dengannya mereka dapat mencapai kerajaan surga. Kepada orang-orang yang segera akan menghilang seperti kabut, Yesus mengajarkan tentang berkat yang kekal, yaitu berkat sejati untuk masuk ke dalam kerajaan surga.

Ia juga mengajar mereka untuk menjadi terang dan garam dunia, memenuhi Hukum Taurat dengan kasih, dan mendapatkan Ucapan Bahagia. Hal ini dituliskan dari Matius pasal 5 sampai pasal 7. Ini disebut "Khotbah di Bukit."

Singkatnya, selain Kasih Rohani di dalam 1 Korintus pasal 13, dan Buah-Buah Roh di dalam Galatia pasal 5, Ucapan Bahagia memberi tahu kita bagaimana caranya untuk menjadi manusia roh.

Semua itu adalah petunjuk bagi kita untuk memeriksa diri kita sendiri, dan kandungan yang paling penting bagi kita untuk dikuduskan dan masuk ke dalam Yerusalem Baru yang di dalamnya ada tahta Allah dan merupakan tempat tinggal paling mulia di surga.

Buku ini, *Orang yang Mengejar Berkat Sejati* adalah

rangkuman dari khotbah tentang Ucapan Bahagia yang saya bawakan di gereja beberapa kali.

Jika kita memperoleh firman dalam Ucapan Bahagia, kita tidak hanya akan menikmati semua berkat di dunia ini seperti kekayaan, kesehatan, kemasyhuran, autoritas, dan damai sejahtera di dalam keluarga, tetapi kita juga akan memiliki Yerusalem Baru di antara banyak tempat tinggal surgawi. Berkat yang diberikan oleh Allah tidak dapat diguncangkan oleh kesulitan yang seperti apa pun. Jika kita hanya memperoleh Ucapan Bahagia, kita tidak akan kekurangan apa pun.

Saya berdoa agar melalui buku ini, banyak orang akan berubah menjadi manusia roh yang mencari berkat sejati dan menerima semua berkat yang disiapkan oleh Allah. Saya juga berterima kasih kepada Geumsun Vin, direktur biro editorial dan para pekerjanya.

Jaerock Lee

Daftar Isi

Bab 1

—⟋⟍—

Berbahagialah Orang yang Miskin di Hadapan Allah, Karena Merekalah yang Empunya Kerajaan Surga

Matius 5:3

"Berbahagialah orang yang miskin di hadapan Allah, karena merekalah yang empunya Kerajaan Sorga."

Seorang narapidana yang dihukum di penjara Amerika sedang meneteskan airmata saat ia memegang sebuah koran di tangannya. Tajuk beritanya adalah tentang pelantikan presiden ke-22 Amerika Serikat, Stephen Grover Cleveland. Sipir yang melihatnya demikian bertanya mengapa ia menangis dengan sangat pedih. Ia pun mulai menjelaskan dengan kepala tertunduk.

Ia melanjutkan dengan berkata, "Stephen dan saya kuliah di tempat yang sama. Pada suatu hari, setelah kami selesai pelajaran, kami mendengar suara lonceng gereja. Stephen mendesak saya untuk ikut dengannya ke gereja, tetapi saya menolak. Ia pergi ke gereja dan saya pergi ke sebuah bar. Itulah yang membuat hidup kami sangat berbeda."

Sebuah pilihan pada suatu saat mengubah seluruh hidup laki-laki ini. Tetapi ini bukan hanya mengenai kehidupan di bumi ini. Kehidupan kekal kita juga bisa berubah oleh karena pilihan-pilihan yang kita buat.

Orang-Orang yang Diundang ke Perjamuan Surgawi

Dalam Lukas pasal 14, seseorang mengadakan jamuan makan malam dan mengundang banyak orang. Ia mengirim pelayannya untuk mengantarkan undangan, tetapi semua pelayannya kembali seorang diri. Orang-orang yang diundang itu memberi banyak alasan, mereka semua terlalu sibuk untuk dapat hadir.

"Saya telah membeli ladang dan harus pergi melihatnya. Terima kasih atas undangannya, tapi maaf, saya tidak dapat datang."

"Saya telah membeli lima pasang lembu kebiri dan saya harus pergi mencobanya. Maafkan saya tetapi saya tidak dapat datang."

"Saya tahu Anda akan mengerti bahwa saya baru menikah dan karena itu saya tidak dapat datang."

Tuan rumah perjamuan itu mengirimkan hamba-hambanya lagi ke desa untuk membawa orang-orang miskin, orang buta, dan yang orang lumpuh dari jalanan agar datang ke perjamuan. Di dalam perumpamaan ini, Yesus membandingkan orang-orang yang diundang itu sebagai orang yang menerima undangan untuk hadir di perjamuan surgawi.

Sekarang, orang-orang yang kaya di hadapan Allah menolak menerima injil. Mereka memberikan banyak alasan untuk tidak datang sementara orang-orang yang miskin di hadapan Allah dengan cepat menerima undangan itu. Itulah sebabnya pintu gerbang pertama yang harus dilalui untuk menuju berkat sejati adalah menjadi orang yang miskin di hadapan Allah.

Orang yang Miskin di Hadapan Allah

Menjadi "miskin di hadapan Allah" artinya adalah memiliki hati yang miskin. Caranya adalah dengan memiliki hati yang tidak memiliki kesombongan, kebanggaan, keegoisan, keinginan pribadi, atau kejahatan. Dengan demikian, orang-orang yang "miskin di hadapan Allah" dengan mudah menerima injil. Setelah menerima Yesus Kristus, mereka merindukan hal-hal rohani. Mereka juga dapat berubah dengan cepat oleh kuasa Allah.

Ada perempuan-perempuan yang berkata, "Suami saya adalah seorang pria yang sangat baik, tetapi ia tidak mau menerima injil." Manusia menganggap seseorang adalah "baik" jika ia tidak secara terang-terangan melakukan perbuatan yang jahat. Tetapi walaupun seseorang kelihatan baik, jika ia tidak menerima injil karena hatinya kaya, maka bagaimana bisa kita mengatakan bahwa ia sungguh-sungguh baik?

Di dalam Matius pasal 19, ada seorang muda yang datang kepada Yesus dan bertanya apa hal-hal baik yang harus ia lakukan untuk memperoleh hidup yang kekal. Yesus menyuruhnya untuk memelihara semua perintah Allah. Sebagai tambahannya, Ia juga menyuruh orang muda itu untuk menjual semua miliknya, memberikannya kepada orang miskin, lalu mengikut Dia.

Orang muda itu menganggap bahwa dirinya mengasihi Allah dan memelihara dengan baik semua perintah-Nya. Tetapi ia pergi dengan sedih. Itu karena ia kaya, dan ia menganggap bahwa kekayannya itu lebih berharga daripada memperoleh hidup kekal. Melihat orang ini, Yesus kemudian berkata, "Lebih mudah seekor unta masuk ke dalam lubang jarum daripada orang kaya masuk ke dalam kerajaan Allah."

Di sini, kaya maksudnya bukan hanya memiliki harta benda dan kelimpahan. Kaya di sini adalah kaya di hadapan Allah. Orang yang kaya di hadapan Allah mungkin tidak melakukan hal jahat di permukaan, tetapi mereka memiliki nafsu duniawi kedagingan yang kuat. Mereka suka akan uang, kekuasaan, pengetahuan, kebanggaan, kegiatan-kegiataan rekreasi, hiburan, dan kesenangan-kesenangan lainnya. Itulah sebabnya mereka tidak merasa perlu akan injil, dan mereka tidak mencari Allah.

Berkat Kekayaan Bagi Orang-Orang yang Miskin di Hadapan Allah

Di dalam Lukas pasal 16, orang kaya hidup bersenang-senang dan mengadakan pesta setiap hari. Ia sangat kaya sehingga hatinya juga kaya; ia tidak merasa perlu untuk percaya kepada Allah. Tetapi Lazarus si pengemis menderita akibat penyakit dan harus meminta-minta di gerbang rumah si orang kaya. Ia mencari Allah karena ia miskin dalam roh.

Apakah hasilnya setelah mereka mati? Lazarus diselamatkan dan dapat beristirahat di pangkuan Abaraham, tetapi si orang kaya itu jatuh ke Hades (dunia bawah) dan menderita selamanya. Apinya begitu panas sampai ia berkata, "Bapa Abraham, kasihanilah aku, dan kirimkanlah Lazarus supaya ia mencelupkan ujung jarinya ke air dan mendinginkan lidahku." Ia tidak dapat melarikan diri dari rasa sakitnya walau hanya untuk sesaat.

Lalu yang seperti apakah orang yang diberkati itu? Dia bukanlah orang yang memiliki harta kekayaan dan kuasa serta bersenang-senang dalam hidupnya di dunia ini seperti si orang kaya. Walaupun hidupnya berkekurangan, sungguh merupakan suatu suatu hidup yang diberkati untuk menerima Yesus Kristus dan masuk ke dalam kerajaan surga seperti Lazarus. Bagaimana kita bisa membandingkan kehiudpan di dunia ini, yang hanya berlangsung selama 70 atau 80 tahun, dengan kehidupan kekal?

Perumpamaan ini memberi tahu kita vahwa hal yang penting bukanlah kita kaya atau tidak di dunia ini, tetapi agar kita menjadi miskin di hadapan Allah dan percaya kepada Allah.

Namun, itu bukan berarti bahwa seseorang yang memiliki roh yang miskin dan telah menerima Yesus Kristus harus mengalami hidup yang miskin dan menderita penyakit seperti Lazarus agar dapat diselamatkan. Malahan, karena Yesus membebaskan kita dari dosa-dosa kita dan Ia Sendiri hidup dalam kemiskinan, saat kita miskin dalam roh dan hidup menurut firman Allah, maka kita bisa menjadi kaya (2 Korintus 8:9).

3 Yohanes 1:2 berkata, *"Saudaraku yang kekasih, aku*

berdoa, semoga engkau baik-baik dan sehat-sehat saja dalam segala sesuatu, sama seperti jiwamu baik-baik saja." Sama seperti jiwa kita baik-baik saja, kita akan menjadi sehat secara rohani dan jasmani, dan kita akan menerima berkat keuangan, damai sejahtera dalam keluarga, dan seterusnya.

Walaupun kita telah menerima Yesus Kristus dan menikmati berkat kekayaan, kita tetap harus memelihara iman kita dalam Kristus sampai akhir agar dapat memiliki kerajaan surga sepenuhnya. Jika kita pergi dari jalan keselamatan dengan mengasihi dunia ini, maka nama kita dapat dihapus dari kitab kehidupan (Mazmur 69:28).

Ini sama seperti pertandingan maraton. Saat pelari maraton yang berlari pertama keluar dari jalurnya sebelum garis finish, maka ia tidak akan mendapatkan hadiah apa pun, apalagi medali emas.

Demikianlah, bahkan jika kita menjalani kehidupan Kristen yang tekun sekarang, jika kita menjadi kembali menjadi kaya di hati akibat godaan uang dan kesenangan dunia, maka semangat kita akan menjadi dingin. Kita bahkan dapat terpisah dari Allah. Jika kita berbuat demikian, maka kita tidak akan dapat mencapai kerajaan surga.

Itulah mengapa 1 Yohanes 2:15-16 berkata, "*Janganlah kamu mengasihi dunia dan apa yang ada di dalamnya. Jikalau orang mengasihi dunia, maka kasih akan Bapa tidak ada di dalam orang itu. Sebab semua yang ada di dalam dunia, yaitu*

keinginan daging dan keinginan mata serta keangkuhan hidup,
bukanlah berasal dari Bapa, melainkan dari dunia."

Membuang Nafsu Kedagingan

Keinginan daging adalah pikiran ketidakbenaran yang timbul di dalam hati. Ini adalah kecenderungan yang hendak berbuat dosa. Jika kita memiliki kebencian, nafsu, iri hati, pikiran zina, dan kesombongan di dalam hati kita, kita akan memiliki keinginan untuk melihat, mendengar, memikirkan, dan berbuat mengikuti kecenderungan-kecenderungan tersebut.

Sebagai contoh, jika seseorang memiliki kecenderungan untuk menghakimi dan menyalahkan orang lain, ia akan memiliki nafsu untuk mendengarkan gosip tentang orang lain. Lalu, bahkan tanpa memeriksa dan mencari tahu tentang kebenarannya, mereka akan menyebarkan hal-hal itu dan memfitnah orang lain serta menikmati atau senang melakukannya.

Dan juga, jika seseorang memiliki kemarahan di dalam hati, ia akan menjadi marah bahkan pada hal-hal kecil sekalipun. Ia hanya akan merasa baikan setelah ia menumpahkan amarahnya. Jika ia mencoba menahan kemarahannya yang memuncak, akan terasa menyakitkan baginya, sehingga ia tidak dapat menahan diri dari menumpahkan kemarahan.

Untuk dapat membuang semua nafsu kedagingan ini, kita harus berdoa. Kita pasti dapat membuang itu semua bila kita menerima kepenuhan Roh melalui doa yang sungguh-sungguh. Sebaliknya, jika kita berhenti berdoa atau kehilangan kepenuhan Roh, maka kita memberi kesempatan kepada Iblis untuk menggerakkan nafsu kedagingan. Sebagai akibatnya, kita dapat melakukan dosa dalam perbuatan.

1 Petrus 5:8 berkata, *"Sadarlah dan berjaga-jagalah! Lawanmu, si Iblis, berjalan keliling sama seperti singa yang mengaum-aum dan mencari orang yang dapat ditelannya."* Lewat doa, kita harus selalu terjaga untuk menerima kepenuhan Roh Kudus. Melalui doa-doa yang tekun kita dapat menjadi orang yang miskin dalam roh dengan membuang keinginan daging, yang merupakan kecenderungan dosa.

Membuang Keinginan Mata

Keinginan mata adalah kecenderungan dosa yang digerakkan saat kita melihat atau mendengar sesuatu. Hal itu menggerakkan kita untuk mengingini dan mengikuti apa yang kita lihat atau dengar. Saat kita melihat sesuatu, jika kita menerimanya bersama perasaan, jika kita melihat hal yang serupa nantinya, hal itu akan membangkitkan perasaan yang sama. Bahkan tanpa perlu melihat, hanya dengan mendengar sesuatu yang mirip, maka perasaan yang serupa akan timbul dan membangkitkan keinginan mata.

Jika kita tidak membuang dan malahan menerima keinginan

mata ini terus-menerus, hal itu akan menggerakkan keinginan mata. Dan lagi, hal itu kemungkinan besar akan membawa kita pada melakukan dosa dalam perbuatan. Daud yang merupakan orang yang mencari hati Allah, juga melakukan dosa akibat keinginan mata.

Pada suatu hari, setelah Daud menjadi raja dan bangsa itu mulai memiliki stabilitas, Daud naik ke atas sotoh istana dan secara tidak sengaja melihat Betsyeba, istri Uria sedang mandi. Ia tergoda dan menyuruh bawa perempuan itu dan tidur dengan dia.

Pada saat itu suaminya sedang ada di medan pertempuran, sedang berjuang bagi negerinya. Kemudian, Daud mengetahui bahwa Betsyeba mengandung. Untuk menutupi perbuatan salahnya, ia memanggil Uria dari medan perang dan menyuruhnya untuk tidur di rumah.

Tetapi karena memikirkan rekan-rekannya sesama prajurit yang masih bertempur, ia hanya tidur di depan gerbang istana raja. Ketika segala sesuatunya tidak berjalan seperti yang diinginkannya, maka Daud mengirim Uria ke garis depan medan pertempuran agar ia terbunuh.

Daud menganggap bahwa ia lebih mengasihi Allah daripada siapa pun. Namun, saat keinginan mata datang kepadanya, ia melakukan kejahatan dengan meniduri istri orang lain. Lebih jauh lagi, untuk menutupi perbuatannya, ia melakukan kejahatan yang lebih besar yaitu pembunuhan.

Kemudian, sebagai pembalasan, ia mengalami pencobaan hebat. Anak laki-laki yang dilahirkan oleh Betsyeba meninggal, dan ia harus melarikan diri dari pemberontakan putranya, Absalom. Ia bahkan harus mendengar kutukan dari seorang yang hina.

Melalui hal ini, Daud dapat menyadari bentuk kejahatan di dalam hatinya dan bertobat sepenuhnya di hadapan Allah. Akhirnya, ia menjadi seorang raja yang dipakai luar biasa oleh Allah.

Pada hari-hari ini, ada banyak orang muda yang menikmati bahan tontonan orang dewasa di bioskop atau internet. Tetapi mereka tidak boleh menganggapnya ringan. Keinginan mata seperti ini sama seperti menyalakan sumbu dari keinginan daging.

Mari kita bandingkan hal itu dengan peperangan. Misalkan saja keinginan daging diwakili oleh prajurit yang sedang bertempur di dalam kota bertembok. Maka keinginan mata adalah seperti bala bantuan atau persediaan militer bagi para prajurit ini di dalam dinding kota. Jika mereka terus memiliki persediaan yang tetap, maka mereka akan memiliki kekuatan yang lebih besar untuk bertempur. Jika keinginan daging diberi dukungan, maka kita tidak akan bisa menang melawannya.

Karena itu, kita jangan melihat, mendengar, atau memikirkan apa pun yang bukan kebenaran agar kita dapat membuang keinginan mata dengan kehendak kita sendiri. Apalagi, saat kita melihat, mendengar, dan memikirkan kebenaran saja dan hanya memiliki perasaan-perasaan yang baik, maka kita dapat membuang keinginan mata sepenuhnya.

Membuang Keangkuhan Hidup

Keangkuhan hidup adalah kecenderungan manusia untuk menyombongkan dirinya sendiri. Ini adalah dengan mengikuti kesenangan jasmani dari dunia ini untuk memuaskan keinginan daging dan keinginan mata, serta memamerkan pencapaian-pencapaiannya di hadapan orang lain. Jika kita memiliki karakter seperti ini, kita akan menyombongkan kekayaan, kehormatan, pengetahuan, bakat, penampilan, dan lain-lain untuk menunjukkan diri kita dan memperoleh perhatian dari orang lain.

Yakobus 4:16 berkata, *"Tetapi sekarang kamu memegahkan diri dalam congkakmu, dan semua kemegahan yang demikian adalah salah."* Memegahkan diri tidak menguntungkan bagi kita. Karenanya, seperti ada tertulis di dalam 1 Korintus 1:31, *"Biarlah orang yang bermegah, bermegah di dalam Tuhan,"* kita harus bermegah hanya di hadapan Tuhan untuk memberi kemuliaan bagi Allah.

Bermegah di dalam Tuhan adalah bermegah bahwa Allah menjawab doa kita, memberi kita berkat dan kasih karunia, serta kerajaan surga. Bermegah di sini adalah untuk memuliakan Allah dan untuk menanamkan iman dan pengharapan kepada orang-orang yang mendengarnya supaya mereka dapat merindukan hal-hal yang rohani.

Tetapi ada orang yang mengatakan bahwa mereka bermegah di dalam Tuhan, tetapi dengan suatu cara mereka mau ditinggikan lewat hal itu. Dalam hal ini, bermegahnya tidak mengubah orang lain. Karenanya, kita harus memeriksa diri kita sendiri dalam segala sesuatu sehingga keangkuhan hidup ini tidak akan turun atas kita (Roma 15:2).

Menjadi Seorang Anak Secara Rohani

Ada seorang anak di sebuah desa kecil di Amerika Serikat. karena ruangan kelas Sekolah Minggunya sangat kecil, ia mulai berdoa kepada Allah untuk memberi mereka ruang kelas yang lebih besar. Bahkan setelah beberapa hari, tidak ada jawaban, dan kemudian ia mulai menulis surat kepada Allah setiap hari.

Namun, sebelum ia berusia sepuluh tahun ia pun meninggal dunia. Saat ibunya membereskan barang-barangya, ia menemukan bundelan besar surat-surat yang sudah ditulis anak itu untuk Allah. Ia menunjukkan kumpulan surat itu kepada pendeta, dan sang pendeta merasa sangat tersentuh. Beliau lalu membahas hal itu di dalam khotbahnya.

Berita ini lalu menyebar ke banyak tempat, dan persembahan mulai dari dari sana sini dan segera terkumpul lebih dari cukup untuk membangun sebuah gereja baru. Kemudian, didirikanlah sebuah sekolah dasar dan sekolah menengah dengan namanya, dan sesudah itu bahkan juga sebuah akademi. Itu adalah hasil dari iman polos seorang anak kecil yang percaya bahwa Allah adalah Dia yang akan memnberikan apa yang kita minta.

Di dalam Matius pasal 18, murid-murid bertanya kepada Yesus tentang siapa yang terbesar di dalam kerajaan surga. Yesus menjawab, *"Aku berkata kepadamu, sesungguhnya jika kamu tidak bertobat dan menjadi seperti anak kecil ini, kamu tidak akan masuk ke dalam Kerajaan Sorga."* Di hadapan Allah, terlepas dari usia, kita semua haruslah memiliki hati seorang anak.

Anak-anak adalah makhluk yang polos dan murni, sehingga mereka menerima segala sesuatu seperti yang diajarkan kepada mereka. Demikianlah, hanya saat kita percaya dan taat pada firman Allah seperti yang kita dengar dan pelajari baru kita dapat memasuki kerajaan surga.

Sebagai contoh, jika firman Allah berkata, "Tetaplah berdoa", dan kita harus berdoa terus-menerus tanpa mencari-cari alasan. Allah menyuruh kita untuk bersukacita senantiasa, dan maka, kita selalu mencoba untuk bersukacita tanpa memikirkan, "Bagaimana bisa saya bersukacita dengan begini banyak hal menyedihkan yang terjadi di dalam hidup saya?" Allah menyuruh kita untuk tidak membenci, dan kita mencoba untuk mengasihi bahkan musuh kita tanpa mencari-cari alasan.

Demikianlah, jika kita memiliki hati seperti anak kecil, kita akan cepat bertobat dari perbuatan salah yang kita lakukan dan mencoba untuk hidup menurut firman Allah.

Tetapi jika seseorang ternoda oleh dunia dan kehilangan kepolosannya, maka ia akan menjadi mati rasa bahkan saat ia melakukan dosa. Ia akan menghakimi dan menyalahkan orang lain, menyebarkan kesalahan dan kekurangan orang lain, mengucapkan dusta-dusta besar dan kecil, tetapi ia bahkan tidak akan menyadari bahwa ia sedang melakukan hal yang jahat.

Ia akan memandang rendah orang lain, mencoba untuk dilayani, dan jika sesuatu tidak menguntungkan baginya, ia akan begitu saja melupakan kasih karunia yang pernah ia terima. Tetapi ia bahkan tidak akan memiliki rasa bersalah. karena ia memiliki nafsu yang semakin besar untuk mencari keuntungannya sendiri, ia akan bertindak dengan cara sedemikian untuk mendapatkannya.

Tetapi di dalam kebenaran, jika kita menjadi seorang anak rohani, kita akan bereaksi peka akan kebaikan dan kejahatan. Jika kita melihat sesuatu yang baik, kita akan dengan mudah tersentuh, dan meneteskan airmata, dan kita akan benci dan jijikl pada kejahatan.

Bahkan jika orang-orang di dunia mengatakan bahwa hal itu bukan kejahatan, jika Allah mengatakan sesuatu adalah jahat, maka kita akan membencinya dari dalam hati kita dan mencoba untuk tidak melakukan dosa.

Seorang anak juga tidak sombong, maka ia tidak akan memaksakan pendapatnya. Ia menerima saja apa yang diajarkan orang kepadanya. Demikianlah, seorang anak kecil rohani tidak memaksakan keangkuhannya atau mencoba untuk ditinggikan. Ahli-ahli Taurat dan orang Farisi pada masa Yesus menghakimi dan menghukum orang lain dengan mengatakan bahwa mereka mengetahui kebenaran, tetapi seorang anak yang rohani tidak akan melakukan hal seperti itu. Ia hanya akan berbuat dengan lemah-lembut dan rendah hati seperti Tuhan kita.

Jadi, seorang anak kecil rohani tidak akan berkeras bahwa ia benar saat ia mendengarkan firman Allah. Walaupun ada sesuatu yang tidak sesuai dnegan pengetahuannya atau ada hal yang tidak ia mengerti, tetapi ia tidak akan menghakimi atau salah paham, melainkan terlebih dulu percaya dan taat saja. Ketika ia mendengar tentang pekerjaan-pekerjaan Allah, ia tidak akan menunjukkan kebanggaan atau kesombongan melainkan rindu dirinya juga mengalami pekerjaan yang sama.

Jika kita menjadi anak-anak dalam rohani, kita akan percaya dan taat pada firman Allah apa adanya. Jika kita menemukan ada dosa sama sekali menurut firman, kita akan mencoba untuk mengubah diri kita.

Tetapi dalam beberapa kasus, mereka menjalani kehidupan Kristen untuk waktu yang lama, dan mereka hanya menyimpan firman Allah sebagai pengetahuan, dan hati mereka menjadi hati orang dewasa. Ketika mereka pertama kali menerima kasih karunia Allah, mereka bertobat dan berpuasa untuk membuang dosa-dosa saat mereka menemukan dosa di dalam dirinya, tetapi kemudian mereka mulai menjadi mati rasa. Saat mereka mendengarkan firman, mereka akan berpikir, "Saya tahu firman ini." Atau mereka hanya menaati firman yang menguntungkan bagi mereka atau hal-hal yang dapat mereka terima. Mereka menghakimi dan menghukum orang lain dengan firman yang mereka ketahui.

Karenanya, agar dapat menjadi miskin dalam roh, kita harus selalu mencari kejahatan di dalam diri kita lewat firman Allah, dan membuangnya dengan doa yang sungguh-sungguh dan menjadi anak rohani. Barulah nanti kita akan dapat menikmati semua berkat yang telah disiapkan Allah bagi kita.

Berkat untuk Mewarisi Kerjaan Surga yang Kekal

Lalu, berkat seperti apakah khususnya yang akan diterima oleh orang yang miskin secara rohani? Matius 5:3 berkata, *"Berbahagialah orang yang miskin di hadapan Allah, karena mereka akan memiliki kerajaan surga,"* dan seperti yang tertulis, mereka akan menerima berkat sejati dan kekal, yaitu kerajaan surga.

Kerajaan surga adalah tempat di mana anak-anak Allah akan tinggal. Itu adalah tempat rohani yang tidak dapat dibandingkan dengan dunia ini. Sama seperti orangtua menantikan bayi mereka lahir dan menyiapkan segala sesuatunya seperti mainan dan kereta bayi, Allah juga mempersiapkan kerajaan surga bagi orang-orang yang miskin dalam roh, membuka hati mereka, dan menerima injil untuk menjadi anak-anak-Nya. Seperti yang dikatakan oleh Yesus, *"Di rumah Bapa-Ku ada banyak tempat tinggal"* (Yohanes 14:2), ada banyak tempat tinggal di dalam kerajaan surga. Sesuai dengan seberapa banyak kita mengasihi Allah dan hidup menurut firman-Nya untuk memegang iman kita, tempat kediamannya akan berbeda.

Jika seseorang miskin di hadapan Allah, tetapi tetap berada dalam tingkatan menerima Yesus Kristus dan memperoleh keselamatan, ia akan masuk ke dalam Firdaus untuk hidup di sana selamanya. Tetapi saat seseorang meneruskan hidupnya di dalam Kristus dan mengubah dirinya sendiri oleh firman Allah, maka akan diberikan kerajaan surga tingkat pertama, kedua, dan ketiga. Terlebih lagi, orang yang telah mencapai pengudusan hati dan setia dalam segenap rumah Allah akan menerima tempat kediaman yang paling indah, Yerusalem Baru, untuk menikmati berkat-berkat yang kekal.

Silakan baca buku *Surga I* dan *Surga II* tentang tempat tinggal dan kehidupan yang membahagiakan di dalam kerajaan surga. Di sini, mari saya perkenalkan kepada Anda sedikit tentang kehidupan di Yerusalem Baru.

Di dalam kota Yerusalem Baru, di mana terang kemuliaan Allah bersinar, suara pujian malaikat terdengar sayup-sayup. Ada jalan yang membentang antara bangunan-bangunan yang didirikan dengan emas dan batu-batu berharga yang memberikan sinar cemerlang. Padang hijau yang dibentuk sempurna, halaman, pepohonan, dan bunga-bungaan yang indah berpadu sempurna.

Sungai air kehidupan, yang bening seperti kristal, mengalir perlahan. Pasir halus dari emas terdapat di tepian sungai. Pada dahan-dahan emas ditaruh keranjang yang berisi buah-buah dari pohon kehidupan. Di kejauhan kita dapat melihat laut yang seperti kaca. Di laut itu, ada kapal pesiar megah yang dibuat dengan banyak batu permata.

Orang-orang yang masuk ke tempat ini dilayani oleh malaikat yang tidak terhitung banyaknya, dan mereka menikmati kekuasaan seperti seorang raja. Mereka dapat terbang ke angkasa dengan mengendarai mobil yang seperti awan. Mereka selalu melihat Tuhan dari jarak dekat dan menikmati perjamuan makan surgawi dengan nabi-nabi terkenal.

Sebagai tambahan, di Yerusalem Baru ada hal-hal berharga dan indah yang tidak terhitung banyaknya yang tidak dapat kita temukan di bumi ini. Setiap sudutnya adalah pemandangan yang mempesona indra.

Karena itu, kita jangan hanya tinggal di tingkatan yang hampir tidak diselamatkan, tetapi memiliki lebih bnayak roh yang miskin dan mengubah diri kita sepenuhnya dengan firman, supaya kita dapat masuk ke dalam Yerusalem Baru, tempat tinggal yang paling indah di surga.

Kedekatan dengan Allah Adalah Berkat bagi Kita

Saat kita menjadi miskin dalam roh, kita tidak hanya akan bertemu dengan Allah dan menerima keselamatan, tetapi kita juga akan menerima autoritas sebagai anak-anak Allah dan berkat lainnya. Mari saya berikan sebuah kesaksian dari seorang tetua di gereja. Ia telah menderita akibat "penyakit polusi" atau yang disebut "penyakit bahaya publik", tetapi menerima berkat menjadi miskin di hadapan Allah.

Sekitar sepuluh tahun yang lalu, ia harus cuti sementara dari pekerjaannya karena penyakit itu. Sering kali ia ingin mengakhiri hidupnya karena begitu merasa tidak berdaya. Ia memiliki roh yang miskin karena ia tidak dapat melihat pengharapan dan tahu bahwa ia tidak dapat melakukan apa pun dengan kekuatannya sendiri.

Sementara itu, ia pergi ke sebuah toko buku, dan secara kebetulan ia melihat sebuah buku. Itu adalah buku *Merasakan Kehidupan Kekal Sebelum Kematian*. Buku itu berisi kesaksian dan tulisan saya. Dulu saya pernah menjadi seorang atheis dan saya berada di ambang kematian akibat penyakit selama tujuh tahun yang tidak dapat disembuhkan oleh metode manusia mana pun. Tetapi Allah datang kepada saya dan menemui saya.

Orang itu merasa bahwa hidup saya sangat mirip dengan kehidupannya, dan ia membeli buku itu karena merasa ia digerakkan oleh suatu kekuatan. Ia selesai membacanya dalam semalam dan banyak meneteskan airmata. Ia diyakinkan bahwa ia juga dapat disembuhkan dan mendaftar ke gereja kami.

Sejak saat itu, ia disembuhkan dari penyakitnya oleh kuasa Allah, dan ia dapat kembali bekerja. Ia telah dipuji oleh rekan-rekan kerja dan atasannya. Ia pun menerima berkat dipromosikan. Lebih jauh lagi, ia menginjili lebih dari tujuh puluh orang kerabatnya. Sungguh betapa besar upah surgawi yang akan diperolehnya!

Mazmur 73:28 berkata, *"Tetapi aku, aku suka dekat pada Allah; aku menaruh tempat perlindunganku pada Tuhan ALLAH, supaya dapat menceritakan segala pekerjaan-Nya."*

Jika kita telah mengambil berkat pertama dari Berkat Sejati dengan berada dekat Allah, kita harus menjadi anak kecil rohani, mengasihi Allah dengan lebih antusias, dan mengabarkan injil kepada orang-orang yang miskin dalam roh. Saya berharap Anda akan sepenuhnya memiliki berkat yang telah disiapkan oleh Allah sumber kasih dan berkat bagi Anda.

Bab 2

—— ❧ ❧ ——

Berbahagialah Orang yang Berdukacita, Karena Mereka akan Dihibur

Matius 5:4

"Berbahagialah orang yang berdukacita,

karena mereka akan dihibur."

Ada dua orang teman yang sangat saling mengasihi. Mereka mengasihi dan memperhatikan satu sama lain dengan sangat sehingga bahkan mereka dapat mengorbankan hidup mereka untuk menyelamatkan yang lainnya. Tetapi pada suatu hari, satu dari mereka meninggal dalam pertempuran. Orang yang ditinggalkan berduka sampai malam, merindukan temannya yang telah mati.

"Aku berduka karena engkau, saudaraku Yonathan, Kau telah sangat baik kepadaku. Cintamu kepadaku lebih indah daripada cinta perempuan."

Orang ini mengambil anak laki-laki temannya dan menyayanginya seperti anaknya sendiri. Ini adalah kisah Daud dan Yonathan, yang diceritakan dalam 2 Samuel pasal 1.

Saat kita hidup di dunia ini, kita menghadapi begitu banyak hal-hal menyedihkan seperti kematian orang yang kita kasihi, sakitnya penyakit, kesulitan-kesulitan dalam kehidupan, masalah keuangan, dan sebagainya. Tidak berlebihan jika kita mengatakan bahwa hidup adalah kesedihan yang berkelanjutan.

Dukacita Kedagingan, Bukan Kehendak Allah

Dalam sejarah manusia, kita menemukan ada perang, terorisme, kelaparan, dan bencana lainnya yang terjadi di tingkat nasional. Juga ada banyak hal sedih dan masalah yang terjadi di tingkatan individu.

Ada orang yang sedih karena kesulitan keuangan, dan yang

lainnya menderita sakitnya penyakit. Ada yang patah hati karena rencana-rencana mereka tidak terpenuhi, dan yang lain meneteskan airmata karena dikhianati oleh orang yang mereka cintai.

Kedukaan seperti ini yang diakibatkan oleh kejadian menyedihkan adalah kedukaan daging. Itu datang dari emosi jahat seseorang. Allah tidak pernah menghendaki demikian. Dukacita kedagingan seperti ini tidak dapat dihiburkan oleh Allah.

Tetapi malahan, Alkitab mengatakan kepada kita bahwa kehendak Allah adalah agar kita bersukacita senantiasa (1 Tesalonika 5:16). Allah juga berkata kepada kita dalam Filipi 4:4, *"Bersukacitalah senantiasa dalam Tuhan! Sekali lagi kukatakan: Bersukacitalah!"* Banyak ayat di Alkitab menyuruh kita untuk bersukacita.

Ada orang yang heran dan berpikir, "Saya dapat bersukacita saat saya memiliki sesuatu bersukacita, tetapi saat saya mengalami masalah, rasa sakit, dan kesusahan, bagaimana bisa saya bersukacita?"

Tetapi kita dapat bersukacita dan mengucap syukur karena kita sudah menjadi anak-anak Allah dan menerima janji kerajaan surga. Juga sebagai anak-anak Allah, saat kita meminta, Ia akan mendengar dan menyelesaikan masalah kita. Karena kita percaya hal ini, kita pasti dapat bersukacita dan mengucap syukur.

Itu adalah kisah Pdt. Dr. Myong-ho Cheong, yang merupakan

misionaris ke Afrika dari gereja kami, mengabarkan injil di banyak kebaktian di 54 negara Afrika. Sekitar sepuluh tahun lalu, ia berhenti dari pekerjaannya sebagai dosen universitas dan pergi ke Afrika untuk kerja misi. Segera, anak laki-laki satu-satunya meninggal.

Banyak anggota jemaat gereja yang menghiburnya, tetapi ia hanya mengucap syukur kepada Allah dan malah menghibur para jemaat. Ia bersyukur karena Allah telah mengambil anak laki-lakinya ke kerajaan Allah di mana tidak ada airmata, kesedihan, rasa sakit atau penyakit, dan karena ia memiliki pengharapan untuk bertemu kembali dengan anaknya di surga, ia dapat bersukacita.

Demikianlah, jika kita memiliki iman, kita tidak akan memiliki dukacita daging karena tidak dapat mengatasi emosi sedih kita yang disebabkan oleh hal-hal mendukakan. Kita akan dapat bersukacita di dalam keadaan apa pun.

Bahkan jika kita mengalami masalah tertentu, jika kita mengucap syukur dan berdoa dengan iman, Allah akan bekerja karena melihat iman kita. Ia akan bekerja untuk kebaikan dalam segala sesuatu, dan demikianlah, bagi anak-anak sejati Allah, keadaan yang menyedihkan secara jasmani tidak akan menjadi masalah.

Allah Menginginkan Dukacita Rohani

Apa yang Allah inginkan adalah kedukaan rohani bukan kedukaan daging. Matius 5:4 berkata, *"Diberkatilah orang yang menangis,"* dan di sini menangis berarti menangis rohani bagi kerjaan dan kebenaran Allah. Lalu, apakah jenis menangis rohani yang ada?

Yang pertama adalah dukacita pertobatan.

Saat kita percaya kepada Yesus Kristus dan menerima Dia sebagai Juru Selamat, kita menyadari dari dalam hati, dengan pertolongan Roh Kudus, bahwa Ia mati di kayu salib untuk dosa-dosa kita. Saat kita merasakan kasih Yesus ini, kita akan memiliki dukacita pertobatan, bertobat dari dosa-dosa kita dengan airmata dan hidung basah.

Pertobatan adalah berbalik dari kehidupan dalam dosa saat kita belum mengenal Allah menjadi hidup menurut firman Allah. Saat kita mengalami dukacita pertobatan, beban dosa kita akan diambil dan kita dapat mengalami sukacita yang meluap dari dalam hati kita.

Peristiwa itu terjadi sudah lebih dari tiga puluh tahun yang lalu, tetapi saya masih ingat dengan jelas akan kebaktian kebangunan rohani pertama yang saya hadiri setelah bertemu dengan Allah. Di sana, saya mengalami begitu banyak dukacita pertobatan dengan airmata dan hidung basah, saat mendengarkan firman Allah.

Bahkan sebelum saya bertemu dengan Allah, saya bangga akan diri saya yang terlihat hidup baik dan saleh. Tetapi setelah mendengarkan firman Allah, dan melihat kembali pada kehidupan masa lalu saya, saya menemukan ada begitu banyak hal-hal yang tidak benar. Saat saya mengoyak hati dalam pertobatan, tubuh saya terasa begitu ringan dan disegarkan seperti sedang terbang. Saya juga merasa yakin bahwa saya dapat hidup menurut firman Allah. Sejak dari saat itu saya berhenti merokok dan minum minuman keras serta mulai membaca Alkitab dan datang ke kebaktian doa subuh.

Bahkan setelah menerima kasih karunia tangisan pertobatan ini, kita mungkin memiliki hal-hal lain yang harus ditangisi dalam kehidupan Kristen kita. Begitu kita sudah menjadi anak-anak Allah, kita harus membuang dosa dan hidup kudus menurut firman Allah. Tetapi sampai kita memperoleh ukuran iman yang penuh, kita belum sempurna dan kadang-kadang kita melakukan dosa.

Dalam keadaan ini, jika kita mengasihi Allah, kita akan merasa sangat menyesal di hadapan Allah dan bertobat sepenuhnya dengan berdoa, "Allah, tolonglah aku supaya hal ini tidak akan pernah terjadi lagi. Beri aku kekuatan untuk melakukan firman-Mu." Saat kita memiliki tangisan seperti ini, kekuatan untuk membuang dosa akan turun dari atas. Demikianlah, betapa menangis adalah suatu berkat yang besar.

Ada orang percaya yang berulang kali melakukan dosa

yang sama dan terus-terusan kembali bertobat. Itu terjadi bila perubahannya sangat lambat atau tidak ada perubahan sama sekali. Itu karena mereka tidak sungguh-sungguh bertobat dari dasar hati mereka, walaupun mereka mengatakan bahwa mereka memiliki tangisan pertobatan.

Misalkan saja ada seorang muda yang bergaul dengan teman-teman yang tidak baik dan ia melakukan banyak hal buruk. Ia meminta pengampunan dari orangtuanya, tetapi ia terus saja melakukan hal yang sama. Maka, itu bukanlah pertobatan yang sejati. Ia harus berbalik, berhenti bergaul dengan teman-teman yang tidak baik dan belajar keras. Barulah pada saat itu pertobatannya dapat dianggap pertobatan yang sejati.

Demikianlah, kita tidak boleh terus-menerus melakukan dosa yang sama, hanya bertobat dengan kata-kata, tetapi kita harus menghasilkan buah pertobatan dengan menunjukkan perbuatan yang benar (Lukas 3:8).

Lebih jauh lagi, seiring dengan tumbuhnya iman kita dan kita menjadi pemimpin-pemimpin di gereja, kita jangan memiliki tangisan pertobatan lagi. Ini bukan berarti bahwa kita jangan menangis bahkan setelah melakukan dosa. Artinya adalah kita harus membuang dosa-dosa sehingga tidak akan ada lagi yang harus kita tangisi.

Saat kita tidak memenuhi kewajiban kita, kita juga harus menangis dalam pertobatan. 1 Korintus 4:2 berkata, *"Yang akhirnya dituntut dari pelayan-pelayan yang demikian ialah, bahwa mereka ternyata dapat dipercayai."* Maka, kita harus berlaku setia dan menghasilkan buah-buah yang baik dalam tugas kita. Jika tidak demikian, kita harus memiliki tangisan pertobatan.

Satu hal yang penting adalah bahwa jika kita tidak bertobat dan berbalik saat kita tidak memenuhi tugas-tugas kita, hal itu dapat menjadi dinding dosa terhadap Allah, dan akibatnya kita tidak akan dilindungi oleh Allah. Sama seperti seorang anak yang sudah besar tapi masih bersikap seperti bayi, dan ia harus dibentak sepanjang waktu.

Tetapi jika kita bertobat dan menangis dari dasar hati kita, maka sukacita dan damai sejahtera Allah kan turun atas kita. Allah juga akan memberi kita keyakinan bahwa kita dapat melakukannya. Ia memberi kita kekuatan untuk memenuhi tugas-tugas kita. Ini adalah penghiburan yang diberikan Allah kepada orang-orang yang menangis.

Berikutnya, ada dukacita bagi saudara seiman.

Kadang-kadang, ada saudara seiman kita yang berbuat dosa dan pergi ke jalan maut. Dalam hal ini, jika kita memiliki belas kasihan, kita akan merasa gelisah dan peduli bagi saudara-saudara kita ini. Maka, kita akan menangis seolah hal itu adalah masalah kita sendiri. Kita bahkan akan bertobat mewakili mereka dan berdoa dengan kasih supaya mereka dapat bertindak menurut kebenaran.

Kita dapat memiliki tangisan dan doa berurai airmata pertobatan yang seperti ini mewakili mereka, tetapi hanya jika kita memiliki kasih yang sejati bagi jiwa-jiwa itu. Allah senang dengan doa yang diikuti tangisan seperti ini dan memberi kita penghiburan-Nya.

Sebaliknya, ada orang-orang yang menghakimi dan menghukum orang lain, dan menyulitkan orang lain bukannya menangis dan berdoa bagi mereka. Ada juga orang yang menyebarkan fitnah tentang orang lain, dan ini tidak benar dalam pandangan Allah. Kita harus menutupi kesalahan orang lain dengan kasih, dan berdoa bagi mereka supaya mereka tidak berbuat dosa.

Kemartiran Stefanus dituliskan dalam Kisah Para Rasul pasal 7. Orang Yahudi merasa tersinggung oleh pesan yang dikhotbahkan oleh Stefanus. Ketika ia mengatakan bahwa mata rohaninya terbuka dan ia melihat Tuhan Yesus berdiri di sebelah kanan Allah, mereka melemparinya dengan batu sampai mati.

Bahkan saat ia sedang dirajam, Stefanus berdoa dengan penuh kasih bagi orang-orang jahat yang sedang melemparinya batu.

Sedang mereka melemparinya Stefanus berdoa, katanya: "Ya Tuhan Yesus, terimalah rohku!" Sambil berlutut ia berseru dengan suara nyaring: "Tuhan, janganlah tanggungkan dosa ini kepada mereka!" Dan dengan perkataan itu meninggallah ia. (Kisah para Rasul 7:59-60).

Seperti apakah tindakan Yesus? Ia menerima semua hinaan dan aniaya saat Ia disalibkan, namun Ia tetap mendoakan orang-orang yang menyalibkan Dia dengan berkata, *"Bapa, ampunilah mereka; karena mereka tidak tahu apa yang mereka lakukan"* (Lukas 23:34).

Saat mengalami rasa sakit di kayu salib dan walaupun Ia tidak bersalah, Yesus masih berdoa bagi pengampunan dosa orang-orang yang menyalibkan-Nya. Melalui hal ini, kita dapat mengerti betapa dalam, luas, dan besarnya kasih Yesus bagi jiwa-jiwa. Ini adalah jenis hati yang tepat dalam pandangan Allah. Inilah hati yang dapat membuat kita menerima berkat-berkat.

Juga ada dukacita untuk menyelamatkan lebih banyak jiwa.

Saat anak-anak Allah melihat orang-orang yang dinodai dosa dari dunia ini menuju ke jalan kehancuran, mereka haruslah memiliki belas kasihan yang merindukan pengampunan bagi orang-orang itu. Sekarang, dosa dan kejahatan merajalela seperti pada zaman Nuh. Generasi ini dihukum dengan air bah. Sodom dan Gomora dihukum dengan api.

Karenanya, kita harus memiliki tangisan bagi orangtua kita, saudara-saudara kita, kerabat, dan tetangga yang belum diselamatkan. Kita juga harus menangis bagi bangsa dan negara kita, bagi gereja-gereja, dan tentang hal-hal yang mengganggu kerajaan Allah. Ini berarti kita harus memiliki tangisan untuk menyelamatkan jiwa-jiwa.

Rasul Paulus selalu kuatir dan berduka bagi kerajaan dan

kebenaran Allah serta jiwa-jiwa. Ia dianiaya dan mengalami begitu banyak kesusahan dalam mengabarkan injil. Ia bahkan dimasukkan ke dalam penjara. Tetapi ia tidak berdukacita bagi penderitaannya sendiri, melainkan hanya memuji dan berdoa kepada Allah (Kisah Para Rasul 16:25). Tetapi bagi kerajaan Allah dan jiwa-jiwa, ia menangis dengan sangat hebat.

"Dan, dengan tidak menyebut banyak hal lain lagi, urusanku sehari-hari, yaitu untuk memelihara semua jemaat-jemaat. Jika ada orang merasa lemah, tidakkah aku turut merasa lemah? Jika ada orang tersandung, tidakkah hatiku hancur oleh dukacita?" (2 Korintus 11:28-29).

"Sebab itu berjaga-jagalah dan ingatlah, bahwa aku tiga tahun lamanya, siang malam, dengan tiada berhenti-hentinya menasihati kamu masing-masing dengan mencucurkan air mata." (Kisah Para Rasul 20:31).

Saat orang-orang percaya tidak berdiri teguh dalam firman Allah atau saat gereja tidak menunjukkan kemuliaan Allah, maka orang-orang seperti Paulus akan berdukacita dan memiliki kepedulian akan hal itu.

Dan juga, saat mereka dianiaya bagi nama Tuhan, mereka tidak menangis karena hal itu terasa berat bagi mereka. Mereka malah menangis bagi jiwa-jiwa orang lain. Terlebih lagi, saat mereka melihat dunia menjadi semakin gelap, mereka menangis dan berdoa agar kemuliaan Allah ditunjukkan dengan lebih besar dan akan lebih banyak jiwa yang diselamatkan.

Perlunya Kasih Rohani untuk Berdukacita Secara Rohani

Maka, apakah yang harus kita lakukan untuk menangis secara rohani, yang dinginkan oleh Allah? Untuk bisa menangis dalam roh, di atas segalanya, kita harus memiliki kasih rohani di dalam diri kita.

Seperti yang dikatakan dalam Yohanes 6:63, *"Rohlah yang memberi hidup, daging sama sekali tidak berguna,"* hanya jenis kasih yang diakui Allah yang memberi kehidupan dan dapat membawa orang-orang ke jalan keselamatan. Bahkan jika seseorang kelihatannya memiliki banyak kasih, namun jika kasihnya jauh dari kebenaran, maka itu hanyalah kasih daging.

Kasih dapat digolongkan ke dalam kasih daging dan kasih rohani. Kasih daging adalah kasih yang mencari kepentingan diri sendiri. Itu adalah kasih yang tidak beratri yang akhirnya akan berubah dan lenyap. Di pihak lain, kasih rohani tidak pernah berubah. Ini adalah kasih dalam firman Allah yang merupakan kebenaran. Kasih rohanilah yang mencari keuntungan bagi orang lain sambil mengorbankan diri sendiri.

Kasih rohani tidak dapat dimiliki dengan kekuatan manusia.

Baru pada saat kita menyadari kasih Allah dan tinggal dalam kebenaran maka kita dapat memberikan kasih yang demikian. Jika kita memiliki kasih rohani, yaitu kasih yang dapat mengasihi bahkan musuh kita dan menyerahkan nyawa kita bagi orang lain, maka Allah akan memberi kita berkat yang melim[pah. Dengan kasih ini, kita dapat menyerahkan nyawa kemana pun kita pergi, dan banyak orang akan kembali kepada Allah.

Karena itu, saat kita memiliki kasih rohani di dalam hati kita, kita dapat menangis bagi jiwa-jiwa yang akan binasa dan berdoa bagi mereka. Dengan kasih ini, bahkan orang-orang yang keras hati akan dapat berubah, dan kasih itu dapat memberi hidup dan iman.

Para bapa iman yang dikasihi Allah memiliki kasih rohani seperti ini, dan mereka berdoa bagi jiwa-jiwa yang menuju jalan kehancuran. Mereka berdoa dengan airmata dan menangis bagi kerajaan Allah dan kebenaran-Nya. Mereka tidak hanya meneteskan airmata, tetapi mereka juga merawat jiwa mereka siang malam, berlaku setia terhadap tugas-tugas yang diberikan kepada mereka.

Itu merupakan tangisan rohani hanya bila diikuti oleh tindakan mengabarkan firman, berdoa, dan merawat jiwa-jiwa dengan kasih bagi mereka. Jika kita memiliki kasih rohani, kita juga akan memiliki dukacita rohani bagi kerajaan Allah dan kebenaran-Nya.

Kemudian, seperti yang tertulis di dalam Matius 6:33, *"Tetapi carilah dulu kerajaan Allah dan kebenaran-Nya, dan semua ini akan ditambahkan kepadamu"*, roh dan jiwa akan berubah, kerajaan Allah akan terwujud, dan hal-hal lain yang diperlukan akan disediakan melimpah oleh Allah.

Berkat yang Diberikan Kepada Orang yang Berdukacita

Speerti yang dikatakan di dalam Matius 5:4, *"Diberkatilah orang yang berdukacita karena mereka akan dihibur,"* jika kita berdukacita secara rohani, maka kita akan dihibur oleh Allah. Penghiburan yang diberikan Allah kepada kita berbeda dari penghiburan yang dapat diberikan manusia. 1 Yohanes 3:18 berkata, *"Anak-anakku, marilah kita mengasihi bukan dengan perkataan atau dengan lidah, tetapi dengan perbuatan dan dalam kebenaran"*. Karena Allah telah berbicara, Ia tidak menghibur kita hanya dengan kata-kata saja tetapi juga dengan benda-benda materi juga.

Kepada orang yang miskin, Allah memberi mereka berkat finansial. Kepada orang yang menderita penyakit, Allah memberi mereka kesehatan. Kepada orang yang berdoa bagi keinginan hatinya, Allah memberikan jawaban.

Juga, kepada orang yang berdukacita karena mereka tidak memiliki cukup kekuatan untuk memenuhi tugas-tugas mereka, Allah memberikan kekuatan. Bagi orang yang berduka untuk jiwa-jiwa, Allah memberikan buah penginjilan dan kebangunan rohani. Lebih jauh lagi, kepada orang yang mengoyak hati mereka dan berdukacita untuk membuang dosa, Allah memberi mereka karunia pengampunan dosa. Dan juga, sampai pada tahapan mereka membuang dosa-dosa dan menjadi dikuduskan, Allah memberkati mereka untuk memanifestasikan pekerjaan Allah yang besar dan penuh kuasa seperti yang terjadi pada rasul Paulus.

Beberapa tahun yang lalu, saya mengalami banyak kesulitan besar di mana kelangsungan gereja ini terancam. Saya harus berdukacita teramat sangat karena orang-orang yang membawa pencobaan kepada gereja, dan bagi para jemaat yang tidak bersalah dan masih mengalami aniaya. Karena jemaat-jemaat yang memiliki iman lemah dan meninggalkan gereja, saya bahkan tidak bisa makan atau tidur.

Karena saya tahu betapa besarnya dosa akibat mengganggu gereja Allah, saya berurai airmata begitu banyak karena memikirkan jiwa-jiwa yang membawa bencana pada gereja. Terutama, saat saya melihat jiwa-jiwa yang hanya mendengarkan gosip bohong, meninggalkan gereja dan menentang Allah, saya harus berdukacita dengan amat sangat karena merasa bertanggung jawab tidak merawat mereka dengan baik.

Berat badan saya turun drastis dan sangat sulit buat saya bahkan untuk berjalan. Saya masih harus berkhotbah tiga kali seminggu. Kadang-kadang tubuh saya gemetar, tetapi karena kepedulian saya bagi para jemaat, saya harus tetap di tempat saya. Allah melihat hati saya ini dan kapan pun saya berdoa, Ia menghibur saya dengan mengatakan, "Aku mengasihimu. Ini lebih merupakan sebuah berkat."

Berkat untuk Menerima Penghiburan Allah

Saat waktunya tiba, Allah menyelesaikan setiap salah paham satu persatu dan saat itu menjadi kesempatan bagi jemaat gereja untuk tumbuh dalam iman. Allah mulai menunjukkan pekerjaan kuasa-Nya yang demikian luar biasa yang tidak dapat dibandingkan dengan apa pun yang ada sebelumnya. Ia menunjukkan kepada kita begitu banyak tanda-tanda dan mukjizat serta hal-hal yang luar biasa.

Ia menyelamatkan gereja dari kehancuran dan malah Ia memberi kita berkata kebangunan rohani di gereja. Ia juga membuka lebar jalan bagi misi dunia. Dalam kebaktian-kebaktian kebangunan rohani luar negeri, Ia mengirimkan ratusan, ribuan, dan jutaan orang untuk berkumpul dan mendengar injil dan menerima keselamatan. Betapa upah dan sukacita yang luar biasa!

"Festival Doa Penyembuhan Mukjizat India 2002" diadakan di pantai terbesar kedua di dunia, Pantai Marina, India. Kebaktian itu dihadiri oleh kira-kira lebih dari tiga juta orang. Banyak dari mereka disembuhkan dan tidak terhitung penganut agama Hindu yang bertobat.

Penghiburan Allah datang dalam berkat-berkat yang tidak dapat kita bayangkan. Ia memberi kita apa yang paling kita perlukan, dan lebih dari cukup. Ia juga memberi kita upah di dalam kerajaan surga dan karenanya itulah berkat yang sejatinya. Wahyu 21:4 berkata, *"Dan Ia akan menghapus segala air mata dari mata mereka, dan maut tidak akan ada lagi; tidak akan ada lagi perkabungan, atau ratap tangis, atau dukacita, sebab segala sesuatu yang lama itu telah berlalu."* Seperti yang dikatakan, Allah membalas kita dengan kemuliaan dan upah di surga dimana tidak ada airmata, tidak ada kesedihan, dan tidak ada rasa sakit.

Rumah-rumah surgawi dari orang yang selalu berdukacita dan berdoa bagi kerajaan Allah dan gereja-Nya akan memiliki harta dari emas, banyak batu-batu permata, dan upah lainnya. Dan khususnya, rumah mereka akan dihiasi dengan mutiara yang besar dan berkilauan. Untuk mmebuat sebuah mutiara, kerang harus mengalami rasa sakit dan pergolakan untuk waktu yang lama dan mengeluarkan bahan kristalin, menyerahkan dirinya sendiri untuk membentuk mutiara.

Sama halnya juga, saat kita ditanam di bumi ini, jika kita mengalirkan airmata untuk berubah dan berdoa dengan dukacita bagi kerajaan Allah dan jiwa-jiwa lainnya, Allah akan menghibur kita dengan mutiara yang melambangkan semua hal ini.

Karena itu, janganlah kita berdukacita dengan cara kedagingan, tetapi secara rohani, dan hanya bagi kerajaan Allah dan jiwa-jiwa yang lain. Dengan melakukan demikian, kita akan dihibur oleh Allah dan menerima upah yang berharga di dalam kerajaan surga juga.

Bab 3

—— ❦❧ ——

Berbahagialah Orang yang Lemah-Lembut, Karena Mereka Akan Mewarisi Bumi

Matius 5:5

"Berbahagialah orang yang lemah lembut,

karena mereka akan memiliki bumi."

Ketika Lincoln masih seorang pengacara yang tidak dikenal di masa mudanya, ada seorang pengacara yang bernama Edwin M. Stanton yang sangat tidak suka dengan Lincoln. Pernah, Stanton disuruh mengurus sebuah kasus dengan Lincoln, dan ia membanting pintu serta pergi.

"Bagaimana saya bisa bekerja dengan pengacara kampung ini?"

Setelah waktu berlalu, saat presiden terpilih Lincoln membentuk kabinetnya, ia menunjuk Stanton sebagai Mentri Pertahanan Amerika Serikat ke-27. Para penasihat Lincoln merasa terkejut dan memintanya untuk mempertimbangkan kembali penunjukan itu. Itu karena Stanton pernah secara terbuka mengkritik Lincoln dengan mengatakan bahwa terpilihnya Lincoln sebagai presiden adalah sebuah "bencana nasional".

"Apa masalahnya bahkan jika dia memandang rendah kepada saya? Ia memiliki rasa tanggung jawab yang besar dan ia memiliki kemampuan untuk mengatasi keadaan-keadaan sulit. Dia lebih dari pantas untuk menjadi Mentri Pertahanan."

Lincoln memiliki hati yang lapang dan lembut. Ia dapat memahami dan merangkul bahkan orang yang mengkritiknya. Akhirnya, bahkan Stanton menjadi hormat kepadanya, dan saat kematiannya ia menyebut Lincol dengan berkata, "...ia [Lincoln] adalah pemimpin manusia paling sempurna yang pernah dilihat oleh dunia."

Demikianlah, bukannya membenci dan menghindari orang yang tidak menyukai kita, untuk mengubahnya dan mengeluarkan hal-hal baik dari dirinya adalah dnegan menunjukkan hati yang baik dan lembut.

Kelembutan Rohani yang Dikenal oleh Allah

Pada umumnya, orang mengatakan bahwa sifat yang lembut itu adalah menjadi introvert, malu-malu, lemah lembut, dan bertemperamen halus dan lembek. Tetapi Allah mengatakan bahwa orang yang sungguh lembut adalah yang lembut disertai dengan kebajikan.

Di sini 'kebajikan' artinya adalah benar, layak, dan memiliki hati yang saleh. Memiliki kebijakan di dalam Allah adalah untuk bersikap dengan saleh dan mengendalikan diri dengan orang lain, memiliki martabat, dan diperlengkapi dalam segala aspek.

Kelembutan dan kebajikan mungkin kelihatannya mirip, tetapi ada perbedaan yang jelas. Kelembutan itu lebih ke dalam sementara kebajikan itu sama seperti pakaian di bagian luar. Bahkan jika seseorang adalah orang yang hebat, tetapi jika ia tidak mengenakan pakaian yang pantas, hal itu akan menurunkan nilai keanggunan dan martabatnya. Serupa dengan itu, jika kita tidak memiliki kebajikan bersama dengan kelembutan, maka tidak akan sempurna. Dan juga, bahkan jika kita kelihatan memiliki kebajikan, tetapi jika kita tidak memiliki kelembutan di dalam, hal itu tidak akan berarti. Itu sama seperti kulit kacang yang tidak ada isinya.

Kelembutan rohani yang dikenal oleh Allah bukan hanya memiliki karakter yang halus, tetapi juga karakter yang memiliki kebajikan. Maka , kita akan dapat memiliki hati yang lapang untuk merangkul banyak orang seperti pohon besar memberikan naungan bayangan yang besar bagi orang-orang untuk beristirahat.

Karena Yesus itu lemah-lembut, ia tidak bertengkar atau menyaringkan suaranya, dan suaranya tidak terdengar di jalan. Ia memperlakukan orang baik dan orang jahat dengan hati yang sama, dan karenanya banyak orang yang mengikuti Dia.

Kebajikan untuk Merangkul Banyak Orang

Dalam sejarah Korea, ada seorang raja yang memiliki karakter yang lembut. Ia adalah Sejong Yang Agung. Ia tidak hanya memiliki karakter yang lembut tetapi ia juga memiliki kebajikan. Ia dikasihi oleh para mentri dan rakyatnya. Pada zamannya, ada banyak sastrawan seperti Hwang Hee dan Maeng Sa Sung. Yang paling penting, ia memiliki pencapaian menciptakan 'Han-gul', alfabet Korea.

Ia mereformasi sistem pengobatan dan juga perangkat jenis logam. Ia mengangkat banyak orang di berbagai bidang termasuk musik dan ilmu pengetahuan, dan berhasil mendapatkan pencapaian-pencapaian budaya yang luar biasa. Jadi Anda lihat bahwa jika seseorang memiliki kelembutan dengan kebajikan, banyak orang dapat berteduh padanya, dan buahnya juga akan menjadi indah.

Orang-orang yang lembut dapat merangkul bahkan orang-orang yang memiliki gagasan dan pendidikan yang berbeda-beda. Mereka tidak menghakimi atau menghukum dengan kejahatan dalam segala sesuatu. Mereka mengerti dari sudut pandang orang lain dalam keadaan apa pun. Hati mereka dapat digambarkan sebagai hati yang lembut dan cukup nyaman untuk melayani orang lain dalam kerendahan hati.

Jika kita melemparkan batu ke sebuah logam keras, akan tercipta suara yang keras. Jika kita melemparkan batu ke kaca, kacanya akan remuk. Tetapi jika kita melemparkan batu ke segumpal kapas, tidak akan terjadi keributan atau pecah, karena kapas akan merangkul batu itu.

Demikianlah, orang yang lembut tidak akan mengabaikan bahkan orang yang memiliki iman lemah dan berbuat jahat. Ia akan menunggu sampai saat terakhir agar mereka berubah dan membimbing mereka untuk menjadi lebih baik. Perkataannya tidak akan nyaring atau menghancurkan, tetapi halus dan lembut. Ia tidak akan mengucapkan perkataan yang sia-sia tetapi hanya perkataan kebenraran yang perlu.

Bahkan, jika ada orang yang membencinya, ia tidak akan tersinggung atau merasa sebal kepada mereka. Saat ia menerima nasihat atau teguran, ia akan menerimanya dengan sukacita untuk memperbaiki dirinya. Orang seperti ini tidak akan mengalami kesulitan dengan siapa pun. Ia akan mengerti kekurangan-kekurangan orang lain dan merangkul mereka, sehingga ia akan memenangkan hati banyak orang.

Menanami Hati dan Menjadikannya Tanah yang Subur

Agar kita dapat memiliki kelembutan rohani, kita harus mencoba menanam ladang hati kita dengan tekun. Di dalam Matius pasal 13, Yesus memberi kita perumpamaan tentang empat jenis jiwa yang berbeda, menyamakan mereka dengan hati kita.

Di tanah di sepanjang jalan yang keras diinjak-injak orang, benih apa pun yang jatuh di atasnya tidak akan dapat tumbuh dan berakar. Hati seperti ini tidak akan memiliki iman bahkan setelah mendengarkan firman Allah. Orang yang memiliki hati seperti ini keras kepala; ia tidak membuka hatinya bahkan setelah mendengar kebenaran, sehingga ia tidak dapat bertemu dengan Allah. Bahkan walaupun jika ia datang ke gereja, ia hanya seorang pengunjung gereja. Firman itu tidak tertanam di dalam dia, sehingga imannya tidak dapat tumbuh, berakar, dan menjadi besar.

Tanah berbatu dapat membuat benih di atasnya menjadi tumbuh, tetapi benih itu tidak dapat tumbuh besar karena batu-

batunya. Orang yang memiliki hati seperti ini tidak memiliki keyakinan iman walaupun ia telah mendengar firman. Saat diuji, ia gagal dan jatuh. Ia tahu Allah dan juga menerima kepenuhan Roh, maka ia lebih baik daripada tanah 'di jalan'. Tetapi, karena hatinya tidak ditanami dengan kebenaran, benih yang sudah tumbuh itu akhirnya mati dan tidak ada perbuatan untuk mengikuti penanaman itu.

Di tanah yang bersemak duri, benih itu dapat bertunas dan tumbuh, tetapi karena semak duri itu ia tidak dapat menghasilkan buah. Orang yang memiliki hati seperti ini memiki nafsu, godaan akan uang, kekuatiran akan dunia inim dan rencana-rencana serta pemikirannya sendiri, sehingga ia tidak dapat mengalami kuasa Allah dalam segala perkara.

Di tanah yang baik, benih dapat tumbuh dan menghasilkan buah 30, 60, atau 100 kali ganda dari benih yang semula. Orang yang memiliki hati seperti ini akan taat hanya dengan 'Ya' dan 'Amin' pada firman Allah yang ia dengar, maka ia dapat menghasilkan buah dalam setiap dan masing-masing perkara. Ini adalah hati kebaikan yang diinginkan Allah.

Mari kita periksa hati seperti apa yang kita miliki. Tentu saja cukup sulit untuk membuat perbedaan yang tepat antara hati yang berbeda-beda, apakah di jalan, di tanah berbatum di ladang bersemak duri, atau di tanah yang subur jika kita mengukurnya dengan suatu timbangan. 'Jalan' dapat juga memiliki tanah yang berbatu, dan walaupun kita memiliki tanah yang subur, ketidakbenaran yang seperti bebatuan dapat ditaruh di hati kita saat kita bertumbuh.

Tetapi terlepas dari jenis tanah hati apa yang kita miliki, jika kita menanaminya dengan tekun, kita dapat membuatnya menjadi tanah yang subur. Demikian juga, lebih dari hati seperti apa yang kita miliki, hal yang paling penting adalah seberapa tekun kita menanami hati kita.

Sama seperti petani mengambil batu-batu, mencabuti rumput, dan memberi pupuk pada tanah untuk membuatnya subur sampai mengharapkan panen yang melimpah, jika kita membuang kejahatan seperti kebencian, iri hati, kecemburuan, pertengkaran, menghakimi dan menghukum orang lain dari dalam hati kita, maka kita dapat memiliki tanah-hati yang baik yang kaya dalam kebaikan dan lembut dalam karakter.

Berdoa dengan Iman Sampai Akhir dan Membuang Kejahatan

Agar kita dapat menanami hati kita, pertama-tama kita harus menyembah dalam roh dan kebenaran untuk mendengarkan firman dan memahaminya. Dan juga, bahkan dalam kesulitan, kita harus selalu bersukacita, tetap berdoa, dan mengucap syukur dalam segala keadaan bersama dengan usaha untuk membuang semua kejahatan di dalam hati kita.

Jika kita meminta kekuatan Allah melalui dosa yang sungguh-sungguh dan mencoba untuk hidup menurut firman, maka kita akan dapat menerima kasih karunia dan kekuatan Allah dan pertolongan Roh Kudus, sehingga kita dapat dengan cepat membuang kejahatan.

Bahkan walaupun tanahnya sangat subur, jika kita tidak menabur benih dan tidak merawat tanamannya, maka kita tidak akan menuai apa pun. Demikianlah, hal yang penting adalah bahwa kita jangan mencoba sekali atau dua kali saja lalu berhenti, tetapi berdoa dengan iman sampai saat terakhir. Karena iman adalah bukti dari segala sesuatu yang kita harapkan (Ibrani 11:1), kita harus mencoba dengan tekun dan berdoa dengan iman. Barulah kemudian kita dapat menuai dengan melimpah.

Juga, dalam proses membuang kejahatan dari dalam hati, kita mungkin menganggap bahwa kita telah membuang kejahatan sampai ke tingkatan tertentu, tetapi kemudian kelihatannya kejahatan terus saja muncul. Ini sama seperti saat kita mengupas kulit bawang. Walaupun kita telah mengupas lapisannya beberapa kali, bawang itu tetap saja masih memiliki kulit yang sama. Tetapi jika kita tidak menyerah dan terus berusaha membuang kejahatan sampai akhir, kita akhirnya akan memiliki hati yang lembut yang tidak memiliki kejahatan di dalamnya.

Kelembutan Musa

Saat Musa memimpin bangsa Israel ke tanah Kanaan selama

empat puluh tahun Keluaran, ia mengalami begitu banyak situasi sulit.

Laki-laki dewasa saja jumlahnya 600.000. Bila mengikutsertakan perempuan dan anak-anak, jumlahnya pasti melampaui dua juta orang. Ia harus membimbing begitu banyak orang selama empat puluh tahun di padang gurun di mana tidak ada makanan atau air. Kita dapat membayangkan betapa banyak hambatan sulit yang harus ia atasi.

Ada pasukan Mesir yang mengikuti mereka dari belakang (Keluaran 14:9), dan di depan mereka ada Laut Merah. Tetapi Allah membuka Laut Merah bagi mereka sehingga mereka dapat menyeberanginya seperti di tanah kering (Keluaran 14:21-22).

Saat tidak ada air minum, Allah membuat air mengalir dari batiu (Keluaran 17:6). Allah juga mengubah air yang pahit menjadi manis (Keluaran 15:23-25). Saat tidak ada makanan, Allah mengirimkan manna dan burung puyuh untuk memberi mereka makan (Keluaran pasa 14-17).

Bahkan saat mereka menyaksikan kuasa dari Allah yang hidup, bangsa Israel bersungut-sungut kepada Musa setiap kali mereka mengalami kesulitan.

Bani Istael berkata kepada mereka: "Ah, kalau kami mati tadinya di tanah Mesir oleh tangan TUHAN ketika kami duduk menghadapi kuali berisi daging dan makan roti sampai kenyang! Sebab kamu membawa kami keluar ke padang gurun ini untuk membunuh seluruh jemaah ini dengan kelaparan" (Keluaran 16:3).

> *Hauslah bangsa itu akan air di sana; bersungut-sungutlah bangsa itu kepada Musa dan berkata: "Mengapa pula engkau memimpin kami keluar dari Mesir, untuk membunuh kami, anak-anak kami dan ternak kami dengan kehausan?" (Keluaran 17:3)*

> *"Kamu menggerutu di dalam kemahmu serta berkata: Karena TUHAN membenci kita, maka Ia membawa kita keluar dari tanah Mesir untuk menyerahkan kita ke dalam tangan orang Amori, supaya dimusnahkan" (Ulangan 1:27).*

Ada dari mereka yang bahkan mencoba untuk merajam Musa. Musa harus menghadapi orang-orang seperti ini selama empat puluh tahun, mengajari mereka akan kebenaran dan memimpin mereka ke negeri Kanaan. Hanya dengan fakta ini saja, kita dapat membayangkan tingkat kelembutannya.

Itulah mengapa Allah memujinya dalam Bilangan 12:3, dan berkata, *"Adapun Musa ialah seorang yang sangat lembut hatinya, lebih dari setiap manusia yang di atas muka bumi".*
Tetapi bukan berarti Musa memiliki kelembutan yang sedemikian dari permulaan. Dia memiliki amarah sehingga membunuh seorang Mesir yang menganiaya seorang Ibrani. Ia juga memiliki kepercayaan diri yang besar karena menjadi pangeran di Mesir. Tetapi ia merendahkan dirinya dan menundukkan diri sepenuhnya saat ia menggembalakan ternak

di padang gurun Midian selama empat puluh tahun.

Ia harus meninggalkan istana Firaun karena ia membunuh seorang Mesir dan menjadi buronan. Ia akhirnya menyadari bahwa ia tidak dapat melakukan apa pun dengan kekuatannya sendiri saat ia hidup di padang gurun. Tetapi setelah menghabiskan waktu ini dalam pemurnian, ia menjadi orang yang sangat lembut sehingga ia dapat merangkul setiap orang.

Perbedaan Antara Kelembutan Daging dan Rohani

Biasanya, orang-orang yang lembut dalam pengertian daging adalah orang yang pendiam dan pemalu. Mereka tidak menginginkan suara yang keras.

Jadi, kita dapat lihat bahwa mereka kurang dapat tegas, bahkan terhadap ketidakbenaran. Ketika mereka mengalami situasi yang tidak nyaman, mereka akan menekannya di dalam tetapi hati mereka menderita. Saat keadaan melampaui batas yang dapat mereka toleransi, mereka dapat meledak dan mengejutkan banyak orang. Dan juga,dalam tugas-tugasnya, mereka tidak memiliki semangat untuk setia sehingga pada akhirnya mereka tidak menghasilkan buah.

Dengan begini, memiliki karakter yang malu-malu dan introvert bukanlah jenis kelembutan yang menyukakan Allah. Manusia mungkin menganggap bahwa ini adalah kelembutan, tetapi dalam pandangan Allah, yang menyelidiki hati, karakter ini tidak dapat diakui sebagai kelembutan.

Tetapi orang-orang yang telah mencapai kelembutan rohani di hatinya dengan membuang ketidakbenaran dari dalam hati akan menghasilkan buah yang melimpah dalam aspek-aspek penginjilan dan kebangunan rohani yang berbeda, sama seperti tanah yang subur dapat menghasilkan tuaian yang berlimpah-limpah.

Dan juga, secara rohani, mereka akan menghasilkan buah Terang (Efesus 5:9), buah kasih rohani (1 Korintus pasa 13-4-7), dan buah Roh Kudus (Galatia 5:22-23). Dengan begini, mereka menjadi manusia roh, sehingga mereka akan menerima jawaban-jawaban doa mereka dengan cepat.

Di atas segalanya, orang-orang yang lemah lembut secara rohani adalah orang yang kuat dan berani dalam kebenaran. Saat mereka harus mengajar dengan kebenaran, mereka dapat menjadi sangat tegas dalam pengajaran. Ketika mereka melihat jiwa-jiwa yang berubat dosa di hadapan Allah, mereka juga memiliki kekuatan dan ketegasan untuk menegur dan mengkoreksi dengan kasih, siapa pun orangnya.

Misalnya, Yesus adalah orang yang paling lembut dari antara semua, tetapi tentang hal-hal yang tidak benar menurut kebenaran, Ia menghardik orang-orang itu dengan keras. Di antaranya, Ia tidak mentoleransi pencemaran pada Bait Allah.

Dalam Bait Suci didapati-Nya pedagang-pedagang lembu, kambing domba dan merpati, dan penukar-

penukar uang duduk di situ. Ia membuat cambuk dari tali lalu mengusir mereka semua dari Bait Suci dengan semua kambing domba dan lembu mereka; uang penukar-penukar dihamburkan-Nya ke tanah dan meja-meja mereka dibalikkan-Nya. Kepada pedagang-pedagang merpati Ia berkata: "Ambil semuanya ini dari sini, jangan kamu membuat rumah Bapa-Ku menjadi tempat berjualan" (Yohanes 2:14-16).

Ia juga menegur keras orang-orang Farisi dan ahli-ahli Taurat yang mengajarkan ketidakbenaran, menentang firman Allah (Matius 12:34; 23:13-35; Lukas 11:42-44).

Tingkatan Kelembutan Rohani

Satu hal yang harus kita ketahui adalah bahwa ada kelembutan dalam kasih rohani di 1 Korintus pasal 13, dan ada juga kelembutan rohani yang ada di antara sembilan buah Roh Kudus di dalam Galatia pasal 5.

Lalu apakah semuanya berbeda dari kelembutan yang ada dalam Berkat Sejati? Tentu saja, ketiga hal itu tidak sepenuhnya berbeda. Makna dasarnya adalah memiliki karakter yang halus dan lembut dan juga memiliki kasih serta kebajikan. Tetapi kedalaman dan luas masing-masingnya berbeda.

Pertama, kelembutan dalam kasih rohani adalah tingkat

kelembutan yang paling dasar untuk melakukan kasih. Kelemahlembutan dalam sembilan buah Roh Kudus memiliki makna yang lebih luas; itu adalah kelembutan dalam setiap perkara.

Kelemahlembutan dalam buah Roh adalah apa yang dilahirkan sebagai buah dalam hati, dan saat buah ini dilakukan dan menurunkan berkat maka ini adalah kelembutan dalam Berkat Sejati.

Sebagai contoh, kita dapat mengatakan bahwa kita memiliki buah-buah yang baik dan melimpah pada sebuah pohon yang indah, kita menyebutnya sebagai "buah dari Roh Kudus", tetapi saat kita mengambil buah itu untuk kepentingan tubuh kita, maka itulah buah dari Berkat Sejati. Karenanya, kita dapat mengatakan bahwa kelembutan dalam Berkat Sejati ada di tingkatan yang lebih tinggi.

Berkat yang Diberikan kepada Orang yang Lemah Lembut di Hadapan Allah

Seperti yang dikatakan dalam Matius 5:5, *"Berbahagialah orang yang lemah lembut, karena mereka akan memiliki bumi,"* jika kita memiliki kelembutan rohani, kita akan mewarisi negeri.

Di sini, 'memiliki bumi' artinya bukan bahwa kita akan menerima tanah di bumi ini, tetapi kita akan memiliki tempat di kerajaan surga yang kekal.

Warisan bukanlah memperoleh suatu benda, keadaan, atau pembawaan dari generasi sebelumnya. Kepemilikan warisan biasanya lebih diakui oleh orang lain daripada benda lain yang dibeli dengan uang.

Misalnya saja, jika ada seseorang yang membeli sepetak tanah yang sudah diturunkan di dalam keluarganya selama beberapa generasi, maka semua tetangganya sudah tahu akan hal itu. Keluarga itu akan menyimpannya sebagai sesuatu yang berharga dan meneruskannya kepada anak-anak mereka. Karenanya, untuk newarisi bumi artinya adalah kita akan menerimanya sebagai tanah kita yang pasti.

Lalu, mengapa Allah memberikan tanah di kerajaan surga kepada orang-orang yang memiliki kelemahlembutan rohani? Mazmur 37:11 berkata, *"Tetapi orang-orang yang rendah hati akan mewarisi negeri dan bergembira karena kesejahteraan yang berlimpah-limpah"*. Seperti yang dikatakan, itu karena orang-orang yang lemah lembut memiliki kebajikan dan merangkul banyak orang.

Orang yang memiliki kelemahlembutan dapat memaafkan kesalahan orang lain, memahami mereka dan merangkul mereka, sehingga akan banyak orang menemukan ketenangan di dalam dia dan menikmati damai sejahtera darinya.

Saat seseorang mendapatkan hati banyak orang, itu menjad autoritas rohani baginya, dan bahkan dalam kerajaan surga ia akan menerima autoritas yang besar. Demikianlah, ia akan dengan sendirinya mewarisi tanah yang besar.

Autoritas Rohani untuk Mewarisi Tanah di Dalam Kerajaan Surga

Di dunia ini, seseorang hanya dapat memperoleh autoritas bila ia memiliki kekayaan dan kemasyhuran, tetapi di dalam kerajaan surga, autoritas rohani diberikan kepada orang-orang yang merendahkan dirinya dan melayani orang lain.

Matius 20:26-28 berkata, *"Tidaklah demikian di antara kamu. Barangsiapa ingin menjadi besar di antara kamu, hendaklah ia menjadi pelayanmu,dan barangsiapa ingin menjadi terkemuka di antara kamu, hendaklah ia menjadi hambamu;sama seperti Anak Manusia datang bukan untuk dilayani, melainkan untuk melayani dan untuk memberikan nyawa-Nya menjadi tebusan bagi banyak orang."*

Matius 18:3-4 berkata, *"Aku berkata kepadamu, sesungguhnya jika kamu tidak bertobat dan menjadi seperti anak kecil ini, kamu tidak akan masuk ke dalam Kerajaan Sorga. Sedangkan barangsiapa merendahkan diri dan menjadi seperti anak kecil ini, dialah yang terbesar dalam Kerajaan Sorga."*

Jika kita menjadi seperti anak kecil, maka kita akan menjadi rendah hati hingga ke titik yang paling bawah.Maka, kita akan memperoleh hati banyak orang di bumi ini, dan kita akan menjadi orang besar di surga.

Demikianlah, karena seseorang merangkul hati banyak orang dengan kelemahlembutan rohani, Allah memberikan tanah luas yang sesuai agar ia dapat menikmati autoritasnya selama-lamanya. Jika kita tidak mendapatkan tanah yang luas di surga, bagaimana bisa kita membangun rumah yang besar dan megah? Misalnya saja kita melakukan banyak pekerjaan bagi Allah dan menerima banyak bahan untuk membangun rumah kita di surga, tetapi jika kita hanya memiliki tanah yang kecil kita tidak akan dapat membangun rumah yang besar.

Karena itu, orang-orang yang masuk ke Yerusalem Baru akan diberikan hadiah tanah yang besar karena mereka akan telah mencapai kelemahlembutan rohani sepenuhnya. Karena bagian tanah mereka sangat besar, maka rumah-rumah mereka juga akan menjadi besar dan indah.

Dan juga, untuk masing-masing rumah, dalam cara yang paling sesuai, akan ada fasilitas alami seperti kebun-kebun, danau, lembah dan bukit yang terpelihara indah. Akan ada juga fasilitas-fasilitas lainnya seperti kolam renang, taman bermain, aula dansa, dll. Ini adalah perhatian Allah bagi para pemilik rumah untuk mengundang orang-orang yang telah ia rangkul dan tolong untuk tumbuh dalam roh dan mengadakan perjamuan serta berbagi kasih mereka selamanya.

Bahan sekarang, Allah dengan tekun mencari orang-orang yang lemah-lembut. Untuk memberi mereka tugas merangkul banyak jiwa-jiwa dan membawa mereka pada kebenaran, dan memberi mereka bagian tanah yang besar sebagai warisan di dalam kerajaan surga yang kekal. Karena itu, marilah kita bertekun melakukan pengudusan dan kelemahlembutan hati, supaya kita dapat mewarisi tanah yang luas di dalam kerajaan surga.

Bab 4

— ❧ ❧ —

Berbahagialah Orang yang Lapar dan Haus Akan Kebenaran, Karena Mereka Akan Dipuaskan

Matius 5:6

"Berbahagialah orang yang lapar dan haus akan kebenaran, karena mereka akan dipuaskan."

Sebuah pepatah Korea berkata, "Orang akan menjadi pencuri jika dia kelaparan selama tiga hari." Pepatah itu memberi tahu kita akan pedihnya merasakan lapar. Bahkan orang yang paling kuat sekalipun tidak akan dapat melakukan apa pun jika ia kelaparan. Tidak mudah melewatkan satu kali waktu makan, dan bayangkan saja bagaimana rasanya jika Anda tidak bisa makan selama satu, dua, atau tiga hari.

Pertama, Anda merasa lapar, tetapi saat waktu berlalu Anda mejadi sakit perut, dan juga akan mengalir keringat dingin. Anda akan mulai merasa sakit di seluruh tubuh dan fungsi tubuh Anda akan mulai menurun. Keinginan Anda akan makanan menjadi semakin ekstrem dalam keadaan seperti ini. Jika hal itu berlanjut, Anda bahkan bisa kehilangan nyawa.

Bahkan juga sekarang ada orang-orang yang mengalami kelaparan parah dan di dalam keadaan perang bahkan memakan tanaman beracun. Ada orang yang terus hidup hari demi hari dengan mencari sesuatu yang bisa dimakan dari tong sampah dan tumpukan sampah.

Tetapi yang lebih tidak tertahankan dari kelaparan adalah rasa haus. Sudah menjadi pengetahun umum bahwa 70% tubuh manusia terdiri atas air. Jka kita kehilangan 2% saja cairan dalam tubuh, kita akan mengalami kehausan yang parah. Jika kita kehilangan 4%, tubuh akan menjadi lemah dan kita bahkan bisa hilang kesadaran. Jika kita kehilangan 10%, kita bisa mati. Air sungguh merupakan unsur esensial bagi tubuh manusia.

Karena kehausan yang amat sangat, oada orang yang berjalan melintasi padang pasir di bawah terik matahari yang menyengat akan mengikuti sebuah fatamorgana dengan berpikir bahwa mereka melihat sebuah oase, dan akhirnya kehilangan nyawa mereka.

Dengan demikian, kelaparan dan kehausan adalah hal yang sungguh sangat menyakitkan, dan hal itu bahkan bisa merenggut nyawa kita. Lalu, mengapa Allah berkata diberkatilah orang yang lapar dan haus akan kebenaran?

Orang yang Lapar dan Haus Akan Kebenaran

Kebenaran adalah bentuk kata benda dari sikap benar, yang berarti 'bertindah menurut hukum ilahi atau moral. Bebas dari rasa bersalah atau dosa'. Di sekitar kita, kita dapat melihat ada orang-orang yang bahkan mengorbankan nyawa mereka demi untuk kebenaran yang salah di antara teman. Mereka juga memprotes ketidakwajaran sosial dengan memaksakan bahwa kepercayaan mereka adalah kebenaran.

Tetapi kebenaran Allah adalah sesuatu berbeda. Kebenaran Allah adalah untuk mengikuti kehendak Allah dan melakukan firman Allah yang merupakan kebaikan dan kebenaran itu sendiri. Ini merujuk pada setiap langkah yang harus kita ambil sampai kita sepenuhnya memulihkan gambar Allah yang hilang, dan menjadi dikuduskan.

Orang-orang yang lapar dan haus akan kebenaran akan bersuka dalam TUHAN Allah dan merenungkannya siang dan malam seperti yang tertulis di dalam Mazmur 1:1-2. Itu karena firman Allah mengandung apakah yang menjadi kehendak Allah dan perbuatan seperti apa yang merupakan perbuatan kebenaran.

Juga, sama seperti pengakuan Pemazmur, mereka akan merindukan firman Allah dan merenungkannya siang dan malam. Bukan hanya menyimpannya sebagai pengetahuan tetapi menerapkannya dalam kehidupan mereka.

"Mataku sangat merindukan keselamatan dari pada-Mu dan merindukan janji-Mu yang adil" (Mazmur 119:123).

"Pagi-pagi buta aku bangun dan berteriak minta tolong; aku berharap kepada firman-Mu. Aku bangun mendahului waktu jaga malam untuk merenungkan janji-Mu" (Mazmur 119:147-148).

Jika kita sungguh-sungguh mengenal kasih Allah, kita akan dengan tulus merindukan firman-Nya, inilah lapar dan haus akan kebenaran. Itu karena, kita mengerti bahwa Anak Allah yang tunggal, Yesus, yang tidak berdosa maupun cela, mengambil penderitaan dan hinaan di kayu salib demi kita. Ia menerima rasa malu dan penderitaan di kayu salib untuk menebus kita, yang semuanya merupakan pendosa, dari dosa-dosa kita dan memberi kita hidup kekal.

Jika kita percaya pada kasih salib ini, kita tidak akan dapat hidup selain menurut firman Allah. Kita akan berpikir, "Bagaimana bisa saya membalas kasih Tuhan dan menyenangkan Allah? Bagaimana bisa saya melakukan kehendak Allah?" Sama seperti rusa yang haus akan mata air, kita akan mencari bentuk kebenaran yang diinginkan Allah.

Dengan demikian, kita akan taat dengan tekun saat kita mendengar firman, membuang dosa-dosa, dan melakukan kebenaran.

Perbuatan Orang-Orang yang Lapar dan Haus Akan Kebenaran

Oleh kuasa Allah, saya telah menyembuhkan begitu banyak penyakit yang tidak dapat disembuhkan oleh obat-obatan. Karena saya bertemu Allah dengan cara ini, saya merindukan firman Allah yang memberi saya kehidupan yang baru. Untuk mendengar dan mengerti lebih banyak, saya datang ke setiap kebaktian kebangunan rohani dan mencari Allah untuk bertemu Dia dengan lebih dekat.

"Aku mengasihi orang yang mengasihi aku, dan orang yang tekun mencari aku akan mendapatkan daku" (Amsal 8:17).

Saya menyadari kehendak Allah lewat khotbah-khotbah tentang menjaga sepenuh Sabat, memberi perpuluhan yang layak, dan bahwa kita tidak boleh datang ke hadapan Allah dengan tangan kosong (Keluaran 23:15), saya mencoba untuk melakukan firman dengan tekun. Dengan ucapan syukur saya bagi Allah yang telah menyembuhkan saya, saya haus untuk melakukan firman Allah.

Saat proses untuk melakukan kebenaran Allah dimulai, saya menyadari bahwa saya memiliki kebencian di dalam hati saya. Kemudian saya berpikir, "Siapa saya sehingga saya boleh membenci orang lain?"

Saya memiliki kebencian terhadap orang-orang yang menyakiti hati saya saat saya sakit selama tujuh tahun, tetapi saat saya menyadari kasih Yesus, yang telah disalibkan dan menumpahkan air dan darah-Nya bagi saya, saya berdoa untuk membuang kebencian.

"Berserulah kepada-Ku, maka Aku akan menjawab engkau dan akan memberitahukan kepadamu hal-hal yang besar dan yang tidak terpahami, yakni hal-hal yang tidak kauketahui" (Yeremia 33:3).

Saat saya sedang berdoa dan memikirkannya dari sudut pandang orang lain, saya dapat melihat bahwa mereka dapat bersikap seperti itu dalam situasi mereka.

Saat saya memikirkan betapa sedihnya mereka saat mereka melihat ketidakberdayaan saya, semua kebencian di dalam diri saya mencair, dan saya jadi mengasihi setiap orang yang bagaimanapun dari dalam hati saya.

Saya juga memegang firman di dalam Alkitab yang mengatakan kepada kita bahwa ada hal-hal tertentu yang harus kita 'lakukan', 'jangan lakukan', 'pelihara', dan 'buang'. Saya menerapkannya dalam perbuatan. Saya menuliskan setiap karakter dosa yang harus saya buang di sebuah buku catatan, dan mulai membuangnya lewat doa dan puasa. Setelah saya yakin bahwa saya telah membuangnya, saya mencoretnya dengan pena merah. Akhirnya, untuk mencoret merah semua karakter dosa yang saya tuliskan di buku catatan itu, dibutuhkan waktu tiga tahun.

1 Yohanes 3:9 berkata, *"Setiap orang yang lahir dari Allah, tidak berbuat dosa lagi; sebab benih ilahi tetap ada di dalam dia dan ia tidak dapat berbuat dosa, karena ia lahir dari Allah."* Sata kita lapar dan haus akan kebenaran dan taat serta melakukan firman Allah, maka ini akan menjadi bukti bahwa kita adalah milik Allah.

Memakan Daging dan Minum Darah Anak Manusia

Apakah yang paling penting bagi orang yang lapar dan haus? Tentu saja makanan untuk mengisi perut yang lapar da minuman untuk meredakan haus. Kedua hal itu bahkan akan menjadi lebih berharga daripada permata manapun.

Ada dua orang pedagang yang masuk ke sebuah tenda di padang pasir. Mereka perlahan mulai menyombongkan permata-permata yang mereka miliki. Seorang pengembara Aran yang sedang melihat mereka menceritakan kisah ini kepada mereka. Pengembara ini dulu sangat menyukai permata. Saat ia sedang menyeberangi sebuah gurun pasir, ia terkena badai pasir. Ia tidak bisa makan selama beberapa hari dan ia menjadi sangat lelah. Kemudian ia menemukan sebuah tas dan membukanya. Tas itu penuh berisi mutiara yang dulu sangat ia sukai.

Apakah ia sungguh bahagia menemukan mutiara yang dulu sangat ia sukai? Tidak juga, malahan ia menjadi sangat putus asa. Yang paling ia butuhkan saat itu bukanlah mutiara, melainkan makanan dan air, Apa gunanya mutiara saat Anda sedang sekarat karena kelaparan?

Ini sama halnya dengan roh. Dalam Yohanes 6:55, Yesus berkata, *"Sebab daging-Ku adalah benar-benar makanan dan darah-Ku adalah benar-benar minuman."* Ia juga berkata, *"Aku berkata kepadamu, sesungguhnya jikalau kamu tidak makan daging Anak Manusia dan minum darah-Nya, kamu tidak mempunyai hidup di dalam dirimu"* (Yohanes 6:53).

Demikianlah, apa yang kita perlukan agar roh kita memperoleh hidup rohani dan menikmati berkat diberi makan daging dan minum darah Yesus.

Di sini, daging dari Anak Manusia, Yesus, melambangkan firman Allah. Memakan dagingnya artinya adalah mengambil dan memelihara firman Allah yang tertulis dalam 66 kitab di

Alkitab. Meminum darah Yesus artinya adalah berdoa dengan iman dan melakukan firman Allah begitu kita membacanya, mendengarnya, dan mempelajarinya.

Proses Pertumbuhan Orang-Orang yang Lapar dan Haus Akan Kebenaran

1 Yohanes pasal 2 memberi kita gambaran mendetil tentang pertumbuhan dalam iman rohani dan memelihara hidup kekal dengan memakan daging dan meminum darah Anak Manusia.

"Aku menulis kepada kamu, hai anak-anak, sebab dosamu telah diampuni oleh karena nama-Nya. Aku menulis kepada kamu, hai bapa-bapa, karena kamu telah mengenal Dia, yang ada dari mulanya. Aku menulis kepada kamu, hai orang-orang muda, karena kamu telah mengalahkan yang jahat. Aku menulis kepada kamu, hai anak-anak, karena kamu mengenal Bapa. Aku menulis kepada kamu, hai bapa-bapa, karena kamu telah mengenal Dia, yang ada dari mulanya. Aku menulis kepada kamu, hai orang-orang muda, karena kamu kuat dan firman Allah diam di dalam kamu dan kamu telah mengalahkan yang jahat" (1 Yohanes 2:12-14).

Saat orang yang tidak mengenal Allah menerima Yesus

Kristus dan menerima pengampunan dosa, ia menerima Roh Kudus dan kemudian menerima hak untuk menjadi anak Allah. Itu artinya ia telah menjadi seperti seorang bayi yang baru lahir. Saat seorang bayi tumbuh dan menjadi anak kecil, ia menjadi semakin tahu akan kehendak Allah, sama seperti mengenali ibu dan ayahnya, tetapi ia belum dapat benar-benar melakukan firman itu sepenuhnya. Sama seperti anak-anak yang mengasihi orangtuanya, tetapi pemikiran mereka tidak mendalam dan mereka tidak dapat mengerti hati orangtuanya sepenuhnya.

Setelah seseorang melewati masa sebagai anak rohani, maka ia menjadi seorang muda dalam roh yang telah mempersenjatai dirinya sendiri dengan firman dan doa. Ia tahu apa dosa itu dan belajar tentang kehendak Allah. Orang dewasa muda memiliki banyak energi dan mereka juga memiliki pendapatnya sendiri yang terkadang cukup kuat. Maka, mereka condong membuat kesalahan, tetapi mereka memiliki keyakinan dan kekuatan untuk mencapai tujuan mereka.

Pada orang yang dewasa muda dalam roh, mereka mengasihi Allah dan memiliki iman yang kuat, sehingga mereka tidak mengambil hal-hal dunia yang tidak berarti. Mereka dipenuhi oleh Roh, menaruh pengharapan mereka pada kerajaan surga, dan bergumul melawan dosa saat mereka mendengarkan firman. Mereka memiliki kekuatan dan keberanian untuk menahan pencobaan atau godaan. Firman Allah tinggal dalam mereka, sehingga mereka dapat mengalahkan Iblis si musuh dan dunia, dan selalu berkemenangan.

Saat mereka melewati masa dewasa muda dan menjadi seorang bapa, mereka akan menjadi semakin matang. Lewat pengalaman-pengalamannya, mereka dapat memikirkan segala aspek dalam proses pengambilan keputusan untuk membuat penilaian yang baik dalam setiap keadaan. Mereka juga akan memperoleh hikmat untuk menundukkan kepala mereka dari waktu ke waktu.

Banyak orang yang mengatakan bahwa kita dapat memahami hati orangtua setelah kita sendiri punya anak dan membesarkan mereka. Serupa dengan itu, hanya setelah kita menjadi bapa-bapa rohani barulah kita dapat mengerti permulaan Allah, sehingga kita dapat mengerti pemeliharaan-Nya dan memiliki tingkatan iman yang lebih tinggi.

Seorang ayah secara rohani adalah orang yang berada pada tingkatan untuk memahami permulaan Allah dan semua rahasia-rahasia alam roh termasuk penciptaan langit dan bumi. Karena ia tahu hati dan kehendak Allah, ia dapat taat tepat menurut hati Allah, dan karenanya ia akan menerima kasih dan berkat dari Allah. Ia dapat menerima segala macam berkat termasuk kesehatan, kemsyhuran, autoritas, kekayaan, berkat anak-anak, dll.

Berkat Dipuaskan Secara Rohani

Setelah kita dilahirkan kembali sebagai anak-anak Allah, sampai tahapan di mana kita mengambil makanan sejati dan minuman sejati, kita dapat tumbuh dalam roh dan masuk ke dalam dimensi rohani. Saat kedalaman dimensi rohani menjadi semakin dalam, kita dapat lebih mudah memerintah atas Iblis dan setan musuh kita, dan juga kita akan dapat memahami dalamnya hati Allah Bapa.

Kita akan dapat berkomunikasi jelas dengan Allah dan dibimbing oleh Roh Kudus dalam segala hal sehingga kita akan menjadi makmur dalam segala sesuatu. Kehidupan berkomunikasi dengan Allah melalui kepenuhan Roh Kudus adalah berkat menjadi dipuaskan yang diberikan kepada orang-orang yang lapar dan haus akan kebenaran.

Seperti yang dikatakan dalam Matius 5:6, *"Berbahagialah orang yang lapar dan haus akan kebenaran, karena mereka akan dipuaskan,"* orang-orang yang menerima berkat dipuaskan tidak memiliki alasan untuk menghadapi ujian atau pencobaan apa pun.

Bahkan jika ada hambatan, Allah menyediakan bagi kita untuk menghindarinya lewat bimbingan Roh Kudus. Bahkan jika kita menemui kesulitan, Allah akan memberi tahu kita cara-cara untuk keluar dari dalamnya. Saat jiwa kita sejahtera, segala sesuatu akan berjalan baik dengan kita, dan kita akan menjadi sehat, kita akan dibimbing pada kemakmuran dalam segala hal, sehingga bibir kita akan penuh dengan kesaksian.

Jika kita dibimbing oleh Roh Kudus seperti ini, kita akan menerima kekuatan untuk dengan mudah menyadari dosa-dosa dan kejahatan kita serta membuangnya, dan dengan demikian, kita dapat berlari menuju pengudusan. Dalam proses pengudusan dalam hidup Kekristenan kita kadang-kadang tidak mudah untuk menemukan hal-hal yang sangat dalam di hati kita atau perbuatan salah yang sangat halus dan kecil.

Dalam keadaan ini, jika Roh Kudus menyinarkan terang-Nya atas kita, maka kita akan dapat menyadari apa-apa yang harus kita lakukan dan capai. Barulah kemudian kita dapat masuk ke tingkatan iman yang lebih tinggi.

Dan juga, walaupun kita tidak melakukan ketidakbenaran untuk berbuat dosa, kita mungkin tidak akan menyadari mana jalan yang lebih menyukakan Allah dalam berbagai keadaan. Dalam hal ini, jika kita menyadari apa yang lebih menyukakan Allah oleh pekerjaan Roh Kudus dan kemudian melakukannya, maka jiwa kita akan menjadi lebih sejahtera.

Pentingnya Makanan Sejati dan Minuman Sejati

Karena memiliki hutang sebesar ratusan ribu dolar, ada seorang percaya yang berada dalam keputusasaan besar. Tetapi kemudian, ia mau pergi ke hadapan Allah dan berpegang kepada-Nya. Karena percaya bahwa ia sedang berpegang pada pengharapan terakhirnya, ia mulai berdoa dan mendengarkan firman Allah dengan hati yang rindu.

Ia mendengarkan kaset-kaset rekaman khotbah dalam perjalanannya menuju tempat kerja dan ia membaca setidaknya satu pasal Alkitab dan menghafal satu ayat Alkitab setiap harinya. Kemudian, ia diingatkan akan firman Allah dalam setiap saat hidupnya dan ia dapat mengikutinya.

Tetapi itu bukan berarti bahwa gerbang berkat terbuka dengan segera. Saat ia sungguh-sungguh mencari kehendak Allah dan berdoa dengan tekun, imannya menjadi tumbuh. Jiwanya menjadi sejahtera, dan berkat mulai turun atas usahanya. Segera ia dapat membayar kembali hutang ratusan ribu dolarnya. Perpuluhannya sekarang terus saja meningkat.

Demikianlah, jika kita sungguh-sungguh lapar dan haus akan kebenaran, sama seperti orang yang lapar dan haus mencari makanan dan air, kita akan mencapai kebenaran. Sebagai hasilnya, kita akan menerima berkat kesehatan dan kekayaan. Kita akan menerima kepenuhan dan ilham dari Roh Kudus dan memiliki komunikasi dengan Allah. Kita akan dapat memperoleh kerajaan Allah hingga ke titik yang paling penuh.

'Seberapa banyak saya memikirkan Allah, membaca dan merenungkan firman-Nya setiap hari?'

'Seberapa sungggguh-sungguhkah saya berdoa dan mencoba untuk melakukan firman Allah?'

Marilah kita memeriksa diri kita dengan begini, dan menjadi

lapar dan haus akan kebenaran sampai Tuhan datang kembali, supaya kita akan menerima berkat dipuaskan secara rohani oleh Allah Bapa.

Maka, kita akan dapat berkomunikasi mendalam dengan Allah dan dipimpin ke jalan hidup yang berkemakmuran, dan yang lebih penting, kita akan mencapai tempat yang mulia di dalam kerajaan surga.

———— ᕽᕽ᙮ ————

Berbahagialah Orang yang Murah Hati, Karena Mereka Akan Beroleh Kemurahan

Matius 5:7

"Berbahagialah orang yang murah hatinya,

karena mereka akan beroleh kemurahan."

Jean Valjean dalam *Les Miserables* dipenjara selama sembilan belas tahun hanya karena mencuri sepotong roti. Setelah ia dibebaskan, seorang imam memberinya makanan dan tempat berteduh, tetapi ia mencuri lampu perak dari imam itu dan melarikan diri. Ia tertangkap dan dibawa kepada imam itu oleh polisi.

Imam itu mengatakan bahwa ia telah memberikannya kepada Jean Valjean untuk menyelamatkannya. Dengan bertanya kepada Jean Valjean, "Kenapa kamu tidak sekalian membawa piringnya?" ia membuat penyelidik itu tidak meragukan apa pun.

Melalui peristiwa ini, Jean Valjean belajar tentang kasih sejati dan pengampunan, dan ia mulai menjadi hidup baru. Tetapi detektif Javert lalu mengikuti Valjean dan membuatnya susah seumur hidupnya. Kemudian, Valjean menyelamatkan detektif itu saat akan ditembak mati. Ia berkata, "Ada banyak hal yang seluas lautan, bumi, dan langit, tetapi pengampunan itu jauh lebih luas."

Memiliki Kemurahan Hati kepada Orang Lain

Jika kita mengampuni orang lain dengan murah hati, kita dapat menyentuh hati mereka dan akan ada perubahan dalam hatinya. Apa artinya dari berbelas kasihan?

Itu adalah jenis hati yang mengampuni dari dalam hati dan berdoa serta menasihati dengan kasih kepada seseorang, walaupun ia melakukan dosa atau menyusahkan kita secara langsung. Ini serupa dengan kebaikan yang ada dalam sembilan buah Roh Kudus dalam Galatia pasal 5, tetapi yang ini lebih mendalam daripada itu.

Kebaikan adalah hati yang hanya mengikuti kebaikan tanpa memiliki kejahatan dan secara jelas terlihat melalui hati Yesus yang tidak bertengkar atau menyaringkan suara-Nya.

"Ia tidak akan berbantah dan tidak akan berteriak dan orang tidak akan mendengar suara-Nya di jalan-jalan. Buluh yang patah terkulai tidak akan diputuskan-Nya, dan sumbu yang pudar nyalanya tidak akan dipadamkan-Nya, sampai Ia menjadikan hukum itu menang" (Matius 12:19-20).

Tidak memutuskan buluh yang terkulai maksudnya adalah bahkan jika seseorang melakukan dosa, Tuhan tidak menghukumnya segera, melainkan menanggungnya bersama-sama sampai ia menerima keselamatan. Sebagai contoh, Yesus tahu bahwa Yudas Iskariot akan menjualnya kelak, tetapi ia menasihatinya dan mencoba untuk membuatnya mengerti sampai saat terakhir.

Dan juga, tidak memadamkan sumbu yang pudar nyalanya artinya adalah bahwa Allah tidak segera membuang anak-anak-Nya, bahkan walaupun mereka tidak hidup menurut kebenaran. Bahkan jika kita melakukan dosa karena kita tidak sempurna, Allah memberi kita kesadaran melalui Roh Kudus dan menanggungnya bersama kita sampai akhir, supaya kita dapat berubah melalui kebenaran.

"Murah hati" adalah dapat memahami, mengampuni, dan membimbing orang lain ke jalan yang benar dengan hati Tuhan yang seperti ini, bahkan walaupun mereka melakukan kejahatan kepada kita tanpa alasan. Bukan untuk berpikir dari sudut pandang kita sendiri dengan mengikuti keuntungan kita melainkan berpikir dari sudut pandang orang lain, sehingga kita dapat mengerti orang lain dan menunjukkan kemurahan hati kepada mereka.

Yesus Mengampuni Perempuan Pezina

Di dalam Yohanes pasal 8, orang-orang Farisi dan para ahli Taurat membawa ke hadapan Yesus seorang perempuan yang tertangkap basah melakukan perzinaan. Mereka mengajukan pertanyaan kepada-Nya untuk menguji Dia.

"Di dalam Hukum Taurat, Musa menyuruh kita untuk melempari perempuan seperti itu dengan batu; bagaimana pendapat-Mu?" Coba Anda bayangkan situasi ini. Perempuan yang telah melakukan zina itu pastilah sedang gemetar dengan rasa malu akan dosanya yang terbuka di hadapan semua orang dan takut mati.

Para ahli Taurat dan orang-orang Farisi yang dipenuhi dengan niat jahat tidak memperhatikan perempuan itu yang dipenuhi dengan ketakutan. Mereka lebih merasa bangga karena mereka sekarang dapat menjebak Yesus. Sebagian orang yang menonton pertunjukan itu mungkin sudah siap mengambil batu untuk menghakimi dia sesuai dengan Hukum Taurat.

Lalu apa yang Yesus lakukan? Ia dengan tenang berhenti dan menulis di tanah dengan tangan-Nya. Ia menuliskan nama-nama dosa yang umum dilakukan oleh orang-orang yang ada di situ. Kemudian ia berdiri dan berkata, "Orang yang tidak berdosa di antara kamu, biarlah ia menjadi orang pertama yang melempari dia dengan batu."

Orang-orang Yahudi itu diingatkan akan dosa-dosa mereka sendiri dan merasa malu, maka satu persatu mereka meninggalkan tempat itu. Akhirnya, yang tinggal hanya Yesus dan perempuan itu. Yesus mengampuni dia dan berkata, "Akupun tidak menghukum engkau. Pergilah, dan jangan berbuat dosa lagi mulai dari sekarang." Pastilah peristiwa itu menjadi tidak terlupakan bagi perempuan itu seumur hidupnya. Ia mungkin tidak dapat dapat melakukan dosa-dosa lagi sejak saat itu.

Demikianlah, kemurahan hati dapat ditunjukkan dalam berbagai bentk yang berbeda, dan hal itu dapat digolongkan pada belas kasih pengampunan, belas kasih penghukuman, dan belas kasih keselamatan.

Kemurahan Hati Keselamatan yang Tanpa Batas

Orang-orang yang telah menerima Yesus Kristus sebagai Juru

Selamat mereka telah menerima kemurahan yang besar dari Allah. Tanpa belas kasih Allah, kita pasti akan jatuh ke neraka karena dosa-dosa kita dan menderita selamanya. Tetapi Yesus menumpahkan darah-Nya di kayu salib untuk menebus umat manusia dari dosa-dosa mereka dan saat kita mempercayainya, kita dapat diampuni secara gratis dan diselamatkan. Inilah kemurahan hati Allah.

Bahkan sekarang, dengan hati orangtua yang dengan resah menunggu anak-anaknya pulang, Allah dengan gelisah menunggu tak terhitung jiwa-jiwa untuk datang pada jalan keselamatan.

Dan juga, jika seseorang menyakiti perasaan Allah sedemikian hebat, jika ia saja ia bertobat dengan hati yang sungguh-sungguh dan berbalik, maka Allah tidak akan menegurnya dengan mengatakan, "Kenapa engkau sangat mengecewakan Aku? Kenapa kau melakukan begitu banyak dosa?" Allah hanya merangkul orang itu dengan kasih-Nya.

"Marilah, baiklah kita berperkara!"—firman TUHAN—"Sekalipun dosamu merah seperti kirmizi, akan menjadi putih seperti salju; sekalipun berwarna merah seperti kain kesumba, akan menjadi putih seperti bulu domba" (Yesaya 1:18).

Ssejauh timur dari barat, demikian dijauhkan-Nya dari pada kita pelanggaran kita (Mazmur 103:12).

Ketika ada orang yang telah melakukan kesalahan sebelumnya, jika ia bertobat dan berbalik segera, maka orang-orang yang memiliki kemurahan hati tidak akan mengingat-ingat kesalahannya, dengan berpikir, 'Ia telah melakukan kesalahan besar sebelumnya.' Mereka tidak akan menjauhi dia atau membencinya tetapi hanya akan memaafkannya. Mereka akan mendorongnya untuk menolongnya akan berbuat lebih baik.

Perumpamaan tentang Hamba yang Diberikan Sepuluh Ribu Talenta

Pada suatu hari Petrus bertanya kepada Yesus tentang pengampunan. "Tuhan, sampai berapa kali aku harus mengampuni saudaraku jika ia berbuat dosa terhadap aku? Sampai tujuh kali?" Petrus menganggap bahwa mengampuni sampai tujuh kali adalah sungguh murah hati. Yesus berkata kepadanya: *"Bukan! Aku berkata kepadamu: Bukan sampai tujuh kali, melainkan sampai tujuh puluh kali tujuh kali"* (Matius 18:22).

Ini bukan berarti bahwa kita harus mengampuni tujuh puluh kali tujuh, yaitu 490 kali. 7 adalah angka kesempurnaan. "Tujuh puluh kali tujuh" artinya adalah bahwa kita harus mengampuni dengan sempurna dan tanpa batas. Lalu, dengan sebuah perumpamaan, Yesus mengajarkan tentang kemurahan hati pengampunan.

Ada seorang raja yang memiliki banyak hamba. Salah seorang hamba itu berhutang kepada raja sebesar sepuluh ribu talenta, tetapi ia tidak mampu membayarnya. Satu talenta pada zaman itu senilai dengan 6.000 dinar. Kira-kira setara dengan upah 6.000 hari kerja. Jumlah itu sama banyaknya dengan upah buruh biasa selama 16 tahun.

Seandainya upah buruh biasa seharinya adalah 50.000 won, atau sekitar 50 dolar AS. Maka, satu talenta bernilai sekitar 300 juta won atau kira-kira 3 juta dolar. Sepuluh ribu talenta pada saat itu berarti sama dengan 3 triliun won atau 3 miliar dolar AS. Di mana seorang hamba dapat memperoleh uang sebanyak itu?

Sang raja mengatakan kepadanya untuk menjual istrinya, anak-anaknya, dan semua harta miliknya untuk membayar hutang itu. Haba itu jatuh berlutut ke tanah dan memohon kepada raja dengan berkata, "Tolong bersabarlah dengan hamba dan hamba akan membayar kembali semua hutang hamba." Raja merasa kasihan dan melepaskan dia serta menghapuskan hutangnya.

Hamba ini yang telah diampuni dari hutangnya yang demikian besar lalu bertemu dengan seorang temannya yang juga hamba yang berhutang kepadanya sebanyak 100 dinar. Dinar adalah koin perak di Kekaisaran Romawi dan merupakan upah sehari bagi buruh biasa. Seandainya kita anggap upah sehari adalah 50.000 won, maka total hutang yang dimiliki oleh hamba ini hanya sekitar 5 juta won atau kira-kira 5.000 dolar AS.

Jumlah itu sungguh sangat kecil dibandingkan dengan sepuluh ribu talenta itu.

Tetapi hamba yang dihapuskan hutangnya itu menangkap dan mencekik kawannya dan berkata, 'Bayar hutangmu!' Bahkan walaupun kawannya itu memohon ampun, ia tetap saja memasukkannya ke dalam penjara.

Saat sang raja mengetahui hal itu, ia menjadi murka dan berkata, "Hai hamba yang jahat, seluruh hutangmu telah kuhapuskan karena engkau memohonkannya kepadaku. Tidakkah seharusnya kau bermurah hati kepada kawanmu sama seperti aku telah bermurah hati kepadamu?" lalu memasukkannya ke dalam penjara.

Ini berlaku sama dengan kita. Kita yang ditakdirkan untuk masuk ke jalan maut akibat dosa diampuni dari dosa-dosa kita secara gratis, hanya dengan kasih Yesus Kristus. Tetapi jika kita tidak mengampuni kesalahan kecil orang lain dan menghakimi serta menghukum mereka, betapa jahatnya perbuatan kita itu!

Memiliki Hati yang Lapang untuk Mengampuni Orang Lain

Bahkan jika kita mengalami kerugian karena orang lain, kita tidak boleh membenci atau menghindari mereka, tetapi memahami dan merangkul mereka. Dengan begini kita dapat memiliki hati lapang untuk merangkul banyak orang.

Jika kita memiliki belas kasih, kita tidak akan membenci siapa pun atau merasa kesal kepada orang lain. Bahkan walaupun orang lain itu melakukan sesuatu yang salah dalam pandangan Allah, daripada menghukum terlebih dulu, kita harus dapat memberikan nasihat atau kasih. Dan juga, saat mereka memberikan nasihat kepada orang lain, ada orang yang memiliki perasaan tidak nyaman tentang perbuatan orang lain dan menyakiti perasaan mereka dengan memberikan nasihat. Dan mereka tidak boleh menganggap bahwa mereka memberikan nasihat itu dengan kasih. Bahkan jika mereka mengutip firman kebenaran, jika mereka tidak melakukannya dengan kasih, maka mereka tidak dapat menerima pekerjaan Roh Kudus. Dan demikianlah, mereka tidak dapat mengubah hati orang lain.

Bahkan ketika para pemimpin melakukan sesuatu yang salah kepada bawahannya, 1 Petrus 2:18 berkata, *"Hai kamu, hamba-hamba, tunduklah dengan penuh ketakutan kepada tuanmu, bukan saja kepada yang baik dan peramah, tetapi juga kepada yang bengis."* Karenanya, kita harus taat dan mengikuti dengan kerendahan hati, dan berdoa dengan kasih bagi mereka.

Juga, saat bawahan melakukan kesalahan kepada pemimpinnya, maka para pemimpin jangan langsung menegur mereka atau meninggalkan saja mereka agar tidak merusak kedamaian saat itu. Mereka harus dapat mengajar dengan firman agar mereka dapat memahami dengan baik. Ini juga merupakan jenis kemurahan hati..

Saat para pemimpin memperhatikan bawahannya dengan kasih dan kemurahan hati dan membimbing mereka dengan kebaikan, maka mereka dapat berdiri teguh. Dan juga, para pemimpin akan memiliki semacam penghargaan karena mereka melakukan tugas membimbing dan mengurus orang-orang yang dipercayakan kepadanya.

Bagaimanapun keadaan yang kita hadapi, kita harus dapat mengerti sudut pandang orang lain. Kita harus berdoa bagi mereka dan memberi nasihat kepada mereka dengan kasih yang bahkan membuat kita dapat memberikan nyawa kita. Saat kita memiliki kasih seperti ini, kita mungkin dapat menghukum orang-orang yang pergi ke jalan yang salah yang dibutuhkan untuk membawa mereka pada kebenaran.

Kemurahan Hati Dalam Penghukuman yang Mengandung Kasih

Di mana ada kemurahan pengampunan, ada juga kemurahan penghukuman. Ini adalah kemurahan yang ditunjukkan dalam bentuk hukuman sesuai dengan keadaan. Belas kasih penghukuman tidak dilakukan dengan kebencian atau kutukan. Itu berasal dari kasih.

"Karena Tuhan menghajar orang yang dikasihi-Nya, dan Ia menyesah orang yang diakui-Nya sebagai anak. Jika kamu harus menanggung ganjaran; Allah

memperlakukan kamu seperti anak. Di manakah terdapat anak yang tidak dihajar oleh ayahnya? Tetapi, jikalau kamu bebas dari ganjaran, yang harus diderita setiap orang, maka kamu bukanlah anak, tetapi anak-anak gampang" (Ibrani 12:6-8).

Allah mengasihi anak-anak-Nya, dan itulah sebabnya mengapa kadang-kadang hukuman diizinkan terjadi atas mereka. Dengan begitu, Allah menolong mereka berbalik dari dosa dan bertindak menurut kebenaran.

Misalkan saja anak-anak Anda telah mencuri sesuatu. Hanya karena kasih untuk memperbaiki anak-anaknya, mungkin tidak akan banyak orangtua yang akan memukul anak-anak mereka dengan cemeti untuk pelanggaran pertama. Jika mereka bertobat dengan airmata dan dari hati, maka orangtuanya mungkin akan memeluk mereka dengan hangat dan berkata, "Saya akan memaafkan kamu sekali ini. Jangan pernah melakukannya lagi."

Tetapi jika anak-anaknya mengatakan bahwa mereka menyesal dan tidak akan melakukannya lagi, tetapi pada kenyataannya mereka mengulangi lagi perbuatan yang sama, maka apa yang harus dilakukan orangtuanya?

Mereka harus melakukan semampu mereka untuk menasihati anak-anaknya itu. Tetapi jika mereka tidak mendengarkan, maka walaupun hal itu memedihkan hati, namun orangtua harus menggunakan cemeti dan memukul anak-anaknya, sehingga mereka akan menyimpannya jauh di dalam hati mereka. Karena orangtua mengasihi anak-anaknya, maka mereka menghukum anak-anak itu supaya mereka dapat berbalik sebelum mereka masuk ke jalan yang sungguh salah.

Saat Anak-Anak Berbuat Dosa

Seorang pencuri yang berdiri di pengadilan meminta pihak berwenang untuk membiarkannya bertemu ibunya sebelum sidang. Saat ia bertemu ibunya, ia berteriak mengatakan bahwa itu semua adalah kesalahan sang ibu sehingga ia menjadi pencuri. Ia mengatakan bahwa ia menjadi pencuri karena ibunya tidak menghukum dia saat ia pertama kali mencuri di masa kecilnya.

Saat ditanya mengapa mereka tidak menghukum anak-anaknya saat mereka berbuat salah, kebanyakan orangtua akan mengatakan bahwa mereka melakukannya karena mereka sayang pada anaknya. Tetapi Amsal 13:24 berkata, *"Siapa tidak menggunakan tongkat, benci kepada anaknya; tetapi siapa mengasihi anaknya, menghajar dia pada waktunya."*

Jika kita hanya memikirkan anak-anak kita, "Oh, anakku sayang," maka, bahkan perbuatan-perbuatan salah yang mereka lakukan kelihatannya manis. Karena kasih kedagingan seperti ini, ada banyak orang yang tidak dapat membedakan mana yang benar dan mana yang salah, dan membuat banyak penilaian yang salah.

Dan juga, bahkan saat anak-anak terus melakukan perbuatan

yang tidak pantas, orangtuanya tidak memperbaiki kelakuan mereka, melainkan menerimanya begitu saja. Maka, kelakukan anak-anak itu akan menjadi semakin salah dan tidak terbimbing.

Sebagai contoh, dalam 1 Samuel pasal 2, kita melihat anak-anak imam Eli, Hofni dan Pinehas tidur dengan perempuan-perempuan yang melayani di pintu kemah pertemuan. Tetapi Eli hanya berkata kepada mereka, *"Jangan anak-anakku; laporan yang aku dengar menyebar di antara umat TUHAN tidak baik."* Kedua anak laki-laki Eli terus berbuat dosa dan menghadapi kematian yang mengenaskan.

Jika saja imam Eli telah memperingatkan mereka dengan keras dan kadang-kadang menghardik mereka seperlunya untuk melakukan yang pantas sebagai seorang imam, maka mereka tidak akan pergi ke jalan yang salah sampai sedemikian jauh. Mereka sampai ke satu titik di mana mereka tidak dapat kembali karena ayah mereka tidak membesarkan mereka dengan baik di jalan yang benar.

Tetapi bahkan dalam penghukuman yang sama, jika tidak ada kasih di dalamnya, maka kita tidak dapat menyebutnya sebagai kemurahan hati. Misalkan saja ada anak tetangga yang mencuri sesuatu dari Anda. Kemudian, apa yang akan anda lakukan?

Orang-orang yang memiliki kebaikan akan bermurah hati kepadanya dan mengampuninya jika anak itu minta maaf dari dalam hati. Tetapi orang-orang yang tidak memiliki kebaikan akan menjadi marah kepada anak itu dan membentaknya, atau bahkan jika anak itu minta maaf, mereka masih menuntut hukuman. Atau, mereka mungkin akan membuka masalah ini dan menyebarkannya kepada banyak orang, atau mengingat-ingatnya untuk waktu yang lama dan menciptakan prasangka terhadap anak itu.

Hukuman seperti ini datang dari kebencian, dan dengan demikian bukanlah kemurahan hati. Hukuman tanpa kasih seperti itu tidak akan bisa mengubah orang lain. Saat kita menghukum, kita harus menghukum orang itu dengan kasih dan mempertimbangkan sisinya dan masa depannya untuk membuat hukuman itu dalam belas kasih.

Saat Saudara Seiman Berbuat Dosa

Saat seorang saudara seiman berbuat dosa, Alkitab memberi tahu kita secara mendetil bagaimana menghadapinya.

> *"Apabila saudaramu berbuat dosa, tegorlah dia di bawah empat mata. Jika ia mendengarkan nasihatmu engkau telah mendapatnya kembali. Jika ia tidak mendengarkan engkau, bawalah seorang atau dua orang lagi, supaya atas keterangan dua atau tiga orang saksi, perkara itu tidak disangsikan. Jika ia tidak mau mendengarkan mereka, sampaikanlah soalnya kepada jemaat. Dan jika ia tidak mau juga mendengarkan jemaat, pandanglah dia sebagai seorang yang tidak*

mengenal Allah atau seorang pemungut cukai" (Matius 18:15-17).

Sat kita melihat saudara seiman berbuat dosa, kita tidak boleh menyebaannya kepada yang lain. Pertama-tama, kita haus berbicara secara pribadi kepadanya supaya ia dapat berbalik. Jika ia tidak mendengarkan, maka kita harus bicara bersama dengan orang yang lebih tinggi di dalam kelompoknya supaya ia dapat berbalik.

Jika ia masih tidak mendengarkan, maka kita harus memberi tahu pemimpin gereja untuk membimbingnya ke jalan keselamatan. Jika ia masih tidak mendengarkan pemimpin gereja, maka, Alkitab menyuruh kita untuk menganggapnya sebagai seorang yang tidak mengenal Allah. Kita tidak boleh menghakimi atau mengutuk orang bahkan yang melakukan dosa yang berat. Hanya saat kita menunjukkan kasih dan kemurahan hati, barulah kita dapat memperoleh kemurahan hati Allah juga.

Murah Hati dalam Pekerjaan Sosial

Sudah merupakan sesuatu yang jelas bahwa anak-anak Allah memperhatikan orang yang membutuhkan pertolongan dan menunjukkan sikap murah hati kepada mereka. Saat saudara seiman kita menderita, jika kita hanya mengatakan bahwa kita kasihan tetapi tidak melakukan apa-apa, maka kita tidak dapat disebut sebagai orang yang murah hati. Murah hati dalam pekerjaan sosial dalam pandangan Allah adalah berbagi apa yang kita miliki saat saudara kita membutuhkan.

Yakobus 2:15-16 berkata, *"Jika seorang saudara atau saudari tidak mempunyai pakaian dan kekurangan makanan sehari-hari,dan seorang dari antara kamu berkata: 'Selamat jalan, kenakanlah kain panas dan makanlah sampai kenyang!', tetapi ia tidak memberikan kepadanya apa yang perlu bagi tubuhnya, apakah gunanya itu?"*

Ada orang yang mungkin berkata, "Saya benar-benar mau menolong, tapi saya tidak punya apa-apa yang bisa diberikan untuk menolong mereka." Tetapi orangtua mana yang melihat saja anak-anaknya kelaparan, hanya karena mereka sedang dalam masalah keuangan? Seperti itu juga, kita harus dapat berbuat kepada saudara-saudara kita dalam cara yang sama seperti kepada anak-anak kita.

Orang-Orang yang Dihukum Karena Dosa-Dosa Mereka

Saat kita menunjukkan belas kasihan dan menolong orang yang membutuhkan, kita harus mengingat dalam hati. Itu adalah fakta bahwa kita tidak boleh menolong orang yang tertimpa masalah oleh karena dosa mereka kepada Allah. Ini akan mengakibatkan masalah datang pada kita sendiri.

Selama pemerintahan Raja Yerobeam di kerajaan Israel, ada seorang nabi yang dipanggil Yunus. Di dalam kitab Yunus, kita melihat orang-orang yang jatuh ke dalam situasi sulit bersama nabi Yunus yang melanggar perintah Allah.

Pada suatu hari Allah menyuruh Yunus pergi ke kota Niniwe, yang merupakan ibukota dari sebuah kerajaan yang bermusuhan dengan Israel dan mengumumkan peringatan dari Allah. peringatannya adalah bahwa kota Niniwe telah penuh dengan dosa dan Allah akan membinasakannya.

Yunus tahu bahwa, jika penduduk Niniwe bertobat setelah mendengar peringatan dari Allah, maka mereka akan lolos dari kebinasaan. Ia tahu hati Allah yang memiliki belas kasihan yang tak terbatas dan merupakan kasih itu sendiri. Maka, hal itu sama saja dengan menolong Asyur yang bermusuhan dengan Israel. Maka, Yunus melanggar firman Allah dan naik ke kapal yang akan berlayar ke Tarsis.

Jadi, Allah mengirimkan badai hebat, dan orang-orang di kapal membuang semua yang ada di dalamnya dan mengalami kerugian besar. Akhirnya mereka mengetahui bahwa hal itu terjadi karena Yunus melanggar perintah Allah. Mereka tahu bahwa badai itu akan berakhir jika mereka melemparkan Yunus ke laut seperti yang dikatakan oleh Yunus, tetapi karena simpati mereka terhadapnya mereka tidak dapat melakukannya. Mereka harus menderita dengannya sampai akhirnya mereka melemparkannya dari kapal.

Dengan mengambil pelajaran dari kisah ini, saat kita menunjukkan kemurahan hati, kita harus bersikap bijaksana.

Kita harus mengerti bahwa jika kita menolong orang-orang yang sedang mengalami kesulitan karena hukuman Allah, kita akan jatuh ke dalam kesulitan yang serupa.

Dan juga, dalam kasus yang berbeda, jika seseorang sehat tetapi tidak bekerja karena ia malas, tidaklah benar bila kita membantu orang yang seperti itu. Ini sama seperti orang yang punya kebiasaan meminta bantuan orang lain, walaupun mereka juga bisa bekerja.

Menolong orang-orang ini akan membuat mereka semakin malas dan tidak mampu. Jika kita menunjukkan kemurahan hati yang tidak benar dalam pandangan Allah itu akan menghalangi berkat bagi kita.

Demikianlah, kita tidak boleh dengan tanpa syarat menolong setiap orang yang berada dalam kesulitan. Kita harus dapat memisahkan kasus demi kasus sehingga kita sendiri tidak akan mengalami kesulitan setelah menolong orang lain.

Menunjukkan Kemurahan Hati kepada Orang Tidak Percaya

Di sini, satu hal yang penting adalah bahwa kita harus menunjukkan belas kasih kita bukan hanya kepada saudara-saudara seiman tetapi juga kepada orang tidak percaya.

Kebanyakan orang ingin memiliki persahabatan dengan orang lain yang memiliki kekayaan dan kemasyhuran, tetapi mereka merendahkan dan tidak mau berhubungan dekat dengan orang yang gagal dalam hidupnya. Mereka mungkin menolong orang-orang seperti itu beberapa kali karena pertemanan dahulu, tetapi hal itu tidak akan berlanjut. Tetapi kita tidak boleh merendahkan atau menghina siapa pun. Kita harus menganggap orang lain lebih baik daripada kita dan memperlakukan setiap orang dengan kasih.

Ada orang-orang yang sungguh memiliki hati yang penuh belas kasihan dan memikirkan kesulitan-kesulitan orang lain. Ada orang yang ragu-ragu menolong karena pandangan orang lain. Allah memandang ke dalam hati manusia. Ia mengatakan bahwa belas kasih adalah menolong dengan kasih sejati, dan Ia akan memberkati orang yang menunjukkan kemurahan hati.

Berkat Bagi Orang yang Murah Hati

Apakah berkat yang diberikan Allah kepada orang yang murah hati? Matius 5:7 berkata, *"Berbahagialah orang yang murah hatinya, karena mereka akan beroleh kemurahan."*

Jika kita dapat mengampuni dan menunjukkan kemurahan hati kepada orang-orang yang menyusahkan kita dan membuat kita mengalami kerugian, maka Allah akan menunjukkan kemurahan kepada kita dan memberi kita kesempatan untuk diampuni bahkan jika kita menyebabkan terjadinya kerugian kepada orang lain secara tidak sengaja.

Doa Bapa Kami berkata, *"Dan ampunilah kami akan kesalahan kami, seperti kami juga mengampuni orang yang bersalah kepada kami"* (Matius 6:12). Kita membuka jalan untuk menerima kemurahan dari Allah dengan menunjukkan kemurahan kepada orang lain.

Pada saat yang sama di gereja mula-mula, ada seorang murid yang bernama Tabita (Kisah Para Rasul 9:36-42). Orang-orang percaya di Yerusalem menyebar ke banyak tempat karena adanya penganiayaan yang kejam. Sebagian dari mereka tinggal di sebuah kta pelabuhan yang disebut Yope. Kota ini menjadi salah satu pusat Kekristenan, di mana Tabita tinggal. Ia menolong orang-orang yang miskin dan membutuhkan pertolongan. Tetapi pada suatu hari ia menjadi sakit dan meninggal.

Orang-orang yang telah ditolongnya mengutus orang kepada Petrus untuk memintanya membangkitkan Tabita. Mereka menunjukkan semua pakai yang pernah dibuatnya saat ia masih bersama mereka, dan mengucapkan hal-hal baik yang telah ia lakukan.

Akhirnya, ia mengalami pekerjaan Allah yang luar biasa dengan dibangkitkan kembali melalui doa Petrus. Ia menerima berkat hidupnya diperpanjang oleh kuasa kemurahan Allah.

Dan juga, saat kita memiliki kemurahan hati terhadap orang-orang yang miskin dan sakit, Allah akan memberi kita berkat kesehatan dan kekayaan.

Karena kemiskinan dan penyakit yang tidak dapat saya lihat akan berakhir, saya harus mengalami banyak kesulitan di masa muda saya. Namun lewat masa-masa sulit itu, saya jadi mengerti akan hati orang-orang yang mengalami kesulitan.

Selama lebih dari 30 tahun dari sejak saya disembuhkan dari semua penyakit oleh kuasa Allah, saya telah mengalami hidup yang bebas dari penyakit tanpa ada sakit penyakit apa pun. Memang, saya tidak dapat kehilangan simpati yang saya miliki terhadap orang yang menderita akibat penyakit dan kemiskina, dan orang yang diabaikan dan ditinggalkan.

Maka, bukan saja saya membuka gereja ini, tetapi juga setelah pembukaan gereja saya ingin menolong orang-orang yang sedang membutuhkan pertolongan. Saya tidak berpikir, "Saya akan menolong kalau saya sudah kaya." Saya hanya menolong orang-orang apakah dengan jumlah yang besar atau kecil.

Allah disukakan dengan perbuatan ini, dan Ia memberkati saya sedemikian banyak sehingga saya dapat memberi persembahan melimpah kepada Allah untuk misi dunia dan melakukan kerajaan Allah. Karena saya menabur benih kemurahan hati kepada orang lain, Allah membuat saya menuai panen yang melimpah.

Jika kita menunjukkan kemurahan hati kepada orang lain, Allah juga akan mengampuni pelanggaran-pelanggaran kita. Ia akan memenuhi kita sehingga kita tidak akan kekurangan apa pun, dan Ia akan mengubah kelemahan menjadi kesehatan. Ini adalah kemurahan yang dapat kita terima dari Allah bila kita bermurah hati kepada orang lain. bila kita bermurah hati kepada orang lain.

Yohanes 13:34 berkata, *"Aku memberikan perintah baru kepada kamu, yaitu supaya kamu saling mengasihi; sama seperti Aku telah mengasihi kamu demikian pula kamu harus saling mengasihi."* Seperti yang dikatakan, marilah kita memberi penghiburan dan kehidupan kepada banyak orang dengan aroma kemurahan hati, supaya kita akan menikmati hidup berkelimpahan dalam berkat ALlah.

— ∽∿ —

Berbahagialah Orang yang Suci Hatinya, Karena Mereka Akan Melihat Allah

Matius 5:8

"Berbahagialah orang yang suci hatinya,

karena mereka akan melihat Allah."

"Hal pertama yang saya rasakan saat saya mendarat di bulan adalah penciptaan yang dilakukan Allah dan kehadiran Allah yang agung."

Ini adalah pernyataan yang dibuat oleh James Irwin, yang pergi ke bulan dengan Apollo 15 di tahun 1971. Ini adalah kutipan yang sangat terkenal dan menyentuh banyak orang di seluruh dunia. Saat ia sedang memberikan kuliah di Hungaria, seorang mahasiswa bertanya kepadanya.

"Tidak ada satu pun astronot dari Uni Sovyet yang berkata bahwa mereka melihat Allah di alam semesta, tetapi mengapa Anda mengatakan bahwa Anda melihat Allah di alam semesta dan memuji kemuliaann-Nya?"

Jawaban Irwin begitu jelas kepada semua orang bahwa hal itu tidak terbantahkan. "Semua orang yang murni hatinya dapat melihat Allah!" Ia tinggal di bulan selama delapan belas jam, dan dikatakan bahwa ia mengutip Mazmur 8 saat melihat bumi dan alam semesta yang diciptakan Allah.

"Ya TUHAN, Tuhan kami,
Betapa mulianya nama-Mu
di seluruh bumi!
Keagungan-Mu yang mengatasi langit dinyanyikan! ...
Jika aku melihat langit-Mu,
buatan jari-Mu,
bulan dan bintang-bintang,
Yang Kautempatkan...
Ya TUHAN, Tuhan kami,

Betapa mulianya nama-Mu di seluruh bumi! ”

Hati yang Suci di Hadapan Allah

'Suci' di sini artinya adalah tidak tercampur dengan hal lain, atau bebas dari debu, tanah, atau kotoran lainnya. Di dalam Alkitab, artinya kita harus bertindak dalam sikap yang kudus dan tidak hanya di bagian luar dengan pengetahuan dan pendidikan kita, tetapi kita juga harus memiliki hati yang kudus dan disucikan.

Di dalam Matius 15, saat Yesus sedang melayani di Galilea, para ahli Taurat dan orang-orang Farisi datang dari Yerusalem. Mereka adalah orang-orang yang secara profesional mengajarkan tentang Hukum Taurat kepada orang-orang, dan mereka memegang Hukum Taurat itu dengan sangat teguh. Mereka juga memelihara tradisi nenek moyang, yang merupakan peraturan mendetil tentang bagaimana menjaga Hukum Taurat. Tradisi ini telah diteruskan selama bergenerasi-generasi. Karena mereka mempraktikkan sangat banyak pengendalian diri dan menjalani kehidupan seperti pertapa, mereka menganggap bahwa diri mereka kudus. Tetapi hati mereka dipenuhi dengan kejahatan. Saat mereka merasa tersinggung oleh perkataan Yesus, mereka mencoba untuk membunuh-Nya. Salah satu tradisi nenek moyang yang dibuat oleh para ahli Taurat dan orang Farisi adalah bahwa makan dengan tangan yang tidak dicuci itu tidak bersih.

Dan mereka melihat murid-murid Yesus makan dengan tidak mencuci tangan, dan dengan tersinggung mereka mengajukan pertanyaan kepada Yesus.

Mereka bertanya, *"Mengapa murid-murid-Mu melanggar adat istiadat nenek moyang kita?"* (Matius 15:2) Lalu Yesus berkata, *"Bukan yang masuk ke dalam mulut yang menajiskan orang, melainkan yang keluar dari mulut, itulah yang menajiskan orang"* (Matius 15:11).

"Tetapi apa yang keluar dari mulut berasal dari hati dan itulah yang menajiskan orang. Karena dari hati timbul segala pikiran jahat, pembunuhan, perzinahan, percabulan, pencurian, sumpah palsu dan hujat. Itulah yang menajiskan orang. Tetapi makan dengan tangan yang tidak dibasuh tidak menajiskan orang" (Matius 15:18-20).

Yesus juga menegur mereka dengan mengatakan bahwa mereka adalah kuburan yang dilabur putih (Matius 23:27). Di Israel mereka biasanya menggunakan gua sebagai kuburan. Biasanya mereka mengecat pintu masuk ke kuburan dengan kapur putih.

Tetapi kuburan adalah tempat untuk menaruh mayat, dan seberapa pun kita menghiasnya, bagian dalamnya tetap dipenuhi sesuatu yang busuk dan baunya tidak enak. Yesus menyamakan para ahli Taurat dan orang-orang Farisi dengan kuburan yang dilabur putih karena mereka bertingkah kudus di bagian luar tetapi hati mereka masih dipenuhi dengan berbagai kejahatan dan dosa.

Allah ingin agar kita menjadi indah bukan hanya di permukaan tetapi juga di dalam hati. Itulah sebabnya Ia berkata, *"...Bukan yang dilihat manusia yang dilihat Allah; manusia melihat apa yang di depan mata, tetapi TUHAN melihat hati"* (1 Samuel 16:7). ketika Ia mengurapi Daud, seorang gembala, sebagai raja Israel.

Seberapa Sucikah Hati Saya?

Saat kita mengabarkan injil, ada orang yang berkata, "Saya tidak menyakiti siapa pun dan menjalani hidup yang baik, maka saya bisa masuk surga." Maksud mereka adalah bahwa mereka dapat masuk surga bahkan jika mereka tidak percaya kepada Yesus Kristus karena mereka memiliki hati yang baik dan tidak berbuat dosa.

Tetapi Roma 3:10 berkata, *"...seperti ada tertulis: 'Tidak ada yang benar, seorangpun tidak.'"* Seberapa pun saleh dan baiknya seseorang menganggap dirinya, ia akan menyadari bahwa ia memiliki begitu banyak pelanggaran dan dosa jika ia bercermin pada firman Alah yang merupakan kebenaran. Tetapi ada oang yang mengatakan bahwa mereka tidak berdosa karena mereka tidak menyakiti orang lain dan tidak melanggar hukum.

Sebagai contoh, walaupun mereka membenci seseorang,

mereka menganggap bahwa mereka tidak berdosa karena mereka tidak menyebabkan penderitaan jasmani kepada orang tersebut. Tetapi Allah berkata bahwa memiliki pikiran jahat di dalam hati juga adalah merupakan dosa.

Ia berkata, *"Setiap orang yang membenci saudaranya, adalah seorang pembunuh manusia. Dan kamu tahu, bahwa tidak ada seorang pembunuh yang tetap memiliki hidup yang kekal di dalam dirinya"* (1 Yohanes 3:15), dan *"...Tetapi Aku berkata kepadamu: Setiap orang yang memandang perempuan serta menginginkannya, sudah berzinah dengan dia di dalam hatinya"* (Matius 5:28).

Walaupun tidak kelihatan dalam tindakan, tetapi jika seseorang memiliki kebencian, pikiran zina, keinginan yang egois, kesombongan, kebohongan, kecemburuan, dan kemarahan di dalam hatinya, maka hatinya murni. Mereka adalah orang-orang yang murni hatinya tidak akan mempermasalahkan hal-hal yang tidak berarti.tetapi dengan tegas mengikuti hanya satu jalan dengan hati yang tidak berubah.

Perbuatan Rut, Perempuan yang Murni Hatinya

Rut adalah seorang perempuan asing yang telah menjadi janda pada usia yang masih sangat muda tanpa memiliki seorang anak pun. Ia tidak mau menelantarkan ibu mertuanya, tetapi tetap tinggal bersamanya bahkan di masa-masa sulit. Ibu mertuanya tidak memiliki siapa-siapa untuk diandalkan, namun demi Rut ia menyuruh menantunya itu untuk kembali kepada keluarganya sendiri. Tetapi Rut tidak bisa meningalkan ibu mertuanya sendirian.

Tetapi kata Rut: "Janganlah desak aku meninggalkan engkau dan pulang dengan tidak mengikuti engkau; sebab ke mana engkau pergi, ke situ jugalah aku pergi, dan di mana engkau bermalam, di situ jugalah aku bermalam. Bangsamulah bangsaku dan Allahmulah Allahku. di mana engkau mati, akupun mati di sana, dan di sanalah aku dikuburkan. Beginilah kiranya TUHAN menghukum aku, bahkan lebih lagi dari pada itu, jikalau sesuatu apapun memisahkan aku dari engkau, selain dari pada maut." (Rut 1:16-17).

Pengakuan Rut ini berisi kemauannya yang kuat dan kasihnya dengan segenap hidupnya dalam melayani ibu mertuanya. Kampung halaman ibu mertuanya adalah di Israel, sebuah tempat yang tidak dikenal Rut. Mereka tidak punya rumah atau semacamnya di sana.

Tetapi ia tidak memikirkan keadaan itu, ia hanya memilih untuk melayani ibu mertuanya yang sebatang kara. Rut tidak pernah menyesali keputusannya dan hanya melayani ibu mertuanya dengan hati yang tidak berubah.

Karena Rut memiliki hati yang begitu murni, ia dapat mengorbankan dirinya sendiri dengan sukacita dan hati yang tidak berubah melayani ibu mertuanya. Sebagai akibatnya, ia bertemu seorang laki-laki kaya bernama Boaz yang juga merupakan seorang yang baik menurut adat orang Israel, dan mereka memiliki keluarga yang bahagia. Ia menjadi nenek buyut Raja Daud dan bahkan namanya masuk dalam silsilah Yesus.

Berkat untuk Hati yang Suci

Berkat seperti apakah yang akan diterima hati yang suci? Matius 5:8 berkata, *"Berbahagialah orang yang suci hatinya, karena mereka akan melihat Allah?"*

Dekat dengan orang yang terkasih selalu merupakan hal yang meyenangkan. Allah adalah Bapa bagi roh kita, dan Ia mengasihi kita melebihi diri kita sendiri. Jika kita dapat melihat secara langsung dan berada di samping Dia, kebahagiaan itu tidak dapat dibandingkan dengan apapun juga.

Beberapa orang mungkin bertanya, "Bagaimana manusia dapat melihat Allah?" Hakim-Hakim 13:22 berkata, *"Berkatalah Manoah kepada isterinya: 'Kita pasti mati, sebab kita telah melihat Allah.'"*

Yohanes 1:18 berkata, *"Tidak seorangpun yang pernah melihat Allah."* Dalam banyak bagian Alkitab, kita dapat menemukan bahwa manusia seharusnya tidak dapat melihat Allah, dan kalaupun itu terjadi, mereka akan mati.

Tetapi Keluaran 3:11 berkata, *"Dan TUHAN berbicara kepada Musa dengan berhadapan muka seperti seorang berbicara kepada temannya."* Ketika bangsa Israel sampai di

Gunung Sinai setelah Keluaran, Allah menampakkan diri dan mereka tidak dapat mendekat karena takut mati, tetapi Musa dapat melihat Allah (Keluaran 20:18-19).

Selanjutnya, Kejadian 5:21-24 memberitahu kita bahwa Henokh berjalan bersama dengan Allah.

> *"Setelah Henokh hidup enam puluh lima tahun, ia memperanakkan Metusalah. Dan Henokh hidup bergaul dengan Allah selama tiga ratus tahun lagi, setelah ia memperanakkan Metusalah, dan ia memperanakkan anak-anak lelaki dan perempuan. Jadi Henokh mencapai umur tiga ratus enam puluh lima tahun. Dan Henokh hidup bergaul dengan Allah, lalu ia tidak ada lagi, sebab ia telah diangkat oleh Allah."*

Untuk berjalan dengan Allah bukan berarti Allah sendiri turun ke bumi dan berjalan dengan Henokh. Hal itu dimaksudkan bahwa Henokh selalu berkomunikasi dengan Allah dan Allah memegang kendali dalam kehidupan Henokh.

Satu hal yang kita harus ketahui adalah untuk mengetahui bahwa 'berjalan bersama' dan 'bersama dengan' adalah sepenuhnya berbeda artinya satu sama lain. 'Allah bersama dengan' berarti bahwa Ia menjaga kita dengan malaikat-malaikat-Nya.

Ketika kita mencoba untuk hidup dengan firman, Allah melindungi kita, tetapi Ia hanya dapat berjalan dengan kita jika kita telah menjadi kudus sepenuhnya. Oleh karena itu, dengan melihat fakta bahwa Henokh berjalan dengan Allah selama tiga ratus tahun lamanya, kita dapat melihat betapa ia dikasihi Allah.

Berkat untuk Melihat Allah

Lalu, apakah sebabnya bahwa sebagian orang tidak dapat melihat Allah dan sebaliknya ada orang yang melihat Allah secara langsung dan bahkan berjalan bersama dengan-Nya?

3 Yohanes 1:11 berkata, *"Saudaraku yang kekasih, janganlah meniru yang jahat, melainkan yang baik. Barangsiapa berbuat baik. Barangsiapa berbuat baik, ia berasal dari Allah, tetapi barangsiapa berbuat jahat, ia tidak pernah melihat Allah."* Seperti yang dikatakan, siapa yang memiliki hati yang suci dapat melihat Allah, tetapi orang-orang yang hatinya dikotori kejahatan tidak dapat melihat Allah.

Kita dapat melihatnya dari kisah tentang Stefanus yang menjadi martir ketika memberitakan injil pada masa gereja mula-mula. Dalam Kisah para Rasul pasal 7 kita dapat melihat bahwa Stefanus telah memberitakan injil tentang Yesus Kristus dan berdoa bakan bagi orang-orang yang melemparinya dengan batu. Itu berarti bahwa untuk sampai pada tingkatan itu, ia harus bersih dan tidak memiliki dosa dalam hatinya. Itulah mengapa ia dapat melihat Tuhan yang berdiri di tangan kanan Allah.

Orang-orang yang dapat melihat Allah adalah orang yang suci hatinya, dan mereka dapat masuk ke dalam tempat kediaman yang lebih baik dalam surga di kerajaan surga tingkat ketiga atau lebih tinggi lagi. Mereka dapat melihat Tuhan dan Allah secara dekat dan menikmati kebahagiaan selamanya.

Tetapi orang-orang yang masuk ke dalam kerajaan tingkat satu atau tingkat dua tidak dapat melihat Tuhan secara dekat bahkan walaupun mereka menginginkannya karena terang rohani yang meradiasi mereka dan tempat kediamannya akan berbeda sesuai dengan tingkat pengudusan masing-masing.

Bagaimanakah Caranya untuk Memiliki Hati yang Suci

Allah yang kudus dan sempurna menginginkan kita untuk sempurna dan suci tidak hanya dalam perbuatan tetapi juga dalam hati dengan membuang setiap kejahatan yang berdiam dalam hati kita. Itulah mengapa Ia berkata, *"Kuduslah kamu, sebab Aku kudus"* (1 Petrus 1:16), Dan *"Karena inilah kehendak Allah: pengudusanmu, yaitu supaya kamu menjauhi percabulan"* (1 Tesalonika 4:3).

Sekarang, apakah yang dapat kita lakukan untuk memiliki hati yang suci yang diinginkan Allah dari kita dan mencapai kekudusan dalam kita?

Orang-orang yang dulunya mudah marah harus membuang kemarahannya dan menjadi lemah lembut. Orang yang biasanya suka menyombongkan diri harus membuang kesombongannya dan menjadi orang yang rendah hati. Orang-orang yang dulunya membenci orang lain harus berubah menjadi seseorang yang mengasihi bahkan musuhnya. Sederhananya, kita harus membuang semua bentuk kejahatan dan berjuang melawan dosa sampai titik mencucurkan darah (Ibrani 12:4).

Sampai ke tahap kita membuang kejahatan dari dalam hati kita, dengarlah firman Allah, lakukan firman itu dan penuhi hidup kita dengan kebenaran, maka kita dapat memiliki hati yang suci. Akan percuma jika kita hanya mendengarkan firman dan tidak melakukannya. Andaikan saja ada pakaian kotor, dan kita hanya berkata, "Oh, aku harus mencucinya," tetapi hanya membiarkan mereka tergeletak, maka hal itu tidak ada artinya.

Oleh karena ittu, jika kita menyadari hal-hal kotor dalam hati kita dengan mendengar firman Allah, kita harus mencoba dengan keras untuk membuangnya. Tentu saja, kesucian dalam hati tidak dapat dicapai hanya dengan kekuatan dan kemauan keras. Kita dapat mengerti hal ini melalui pengakuan Rasul Paulus.

"Sebab di dalam batinku aku suka akan hukum Allah,tetapi di dalam anggota-anggota tubuhku aku melihat hukum lain yang berjuang melawan hukum akal budiku dan membuat aku menjadi tawanan hukum dosa yang ada di dalam anggota-anggota tubuhku. Aku, manusia celaka! Siapakah yang akan melepaskan aku dari tubuh maut ini?" (Roma 7:22-24)

Di sini, 'batinku' merujuk pada hati mula-mula yang

diberikan oleh Allah, yaitu hati yang jujur, bersukacita dalam hukum Allah dan mencari Allah. Di sisi lain, ada hati yang tidak jujur yang berkeinginan untuk melakukan dosa, sehingga kita tidak dapat membuang dosa hanya dengan usaha kita sendiri.

Sebagai contoh, kita dapat melihat hal ini dalam orang-orang yang tidak dapat dengan mudah berhenti minum dan merokok. Mereka tahu menghisap rokok dan mengkonsumsi alkohol tidak baik, tetapi mereka tidak dapat berhenti. Mereka membuat resolusi Tahun Baru dan mencoba untuk berhenti, tetapi mereka tidak bisa.

Mereka tahu itu berbahaya, tetapi mereka menyukainya, dan mereka tidak bisa berhenti. Tetapi, jika mereka menerima kekuatan Allah dari atas, mereka dapat langsung berhenti.

Sama halnya dengan dosa dan kejahatan di dalam hati kita. 1 Tesalonika 4:5 berkata, "Sebab semuanya itu dikuduskan oleh firman Allah dan oleh doa." Seperti dikatakan, ketika kita menyadari kebenaran melalui firman Allah, dan menerima berkat Allah, kekuatan dan pertolongan Roh Kudus melalui doa yang bersungguh-sungguh, kita dapat membuang hal-hal tersebut.

Untuk melakukan hal-hal ini, yang kita perlukan adalah usaha dan keinginan keras untuk melakukan firman Allah. Kita seharusnnya tidak hanya berheti setelah melakukan firman beberapa kali saja. Jika kita berdoa dan kadang-kadang puasa hingga kita akhirnya berubah, sehingga kita dapat benar-benar membuang segala dosa dan memiliki hati yang murni.

Orang yang Suci Hatinya Akan menerima Jawaban dan Berkat

Berkat bagi orang-orang yang suci hatinya bukan hanya untuk melihat gambaran Allah Bapa. Ini artinya adalah bahwa mereka dapat menerima jawaban terhadap kerinduan hati mereka melalui doa, dan mereka dapat bertemu serta merasakan Allah dalam kehidupan mereka.

Yeremia 29:12-13 berkata, *"Dan apabila kamu berseru dan datang untuk berdoa kepada-Ku, maka Aku akan mendengarkan kamu. apabila kamu mencari Aku, kamu akan menemukan Aku; apabila kamu menanyakan Aku dengan segenap hati."* Mereka akan menerima jawaban Allah melalui doa mereka yang bersungguh-sungguh, sehingga mereka akan memiliki banyak kesaksian dalam hidup mereka.

Tetapi terkadang, kita melihat ada orang yang baru percaya yang hanya menerima Yesus Kristus, dan tidak benar-benar hidup dala kebenaran, tetapi mereka menerima jawaban doa. Meskipun hati mereka tidak sepenuhnya murni, mereka bertmu dan mengalami kehiupan Allah.

Ini seperti hal kisah mengenai anak-anak kecil yang melakukan sesuatu dengan penuh cinta, dan orangtua memberikan apa yang mereka inginkan. Meskipun mereka belum sepenuhnya memiliki hati yang suci, sampai ke tahapan dimana mereka menyenangkan Allah dalam ukuran imannya, maka mereka dapat menerima jawaban untuk berbagai doanya.

Setelah saya bertemu Allah, yang menyembuhkan semua penyakit saya, dan memulihkan kesehatan saya, saya lalu mencari pekerjaan. Tetapi bahkan walaupun mereka menawarkan saya posisi yang sangat bagus, saya tidak mengambil tawaran apapun jika saya tidak dapat menjaga kekudusan Hari Tuhan oleh karena pekerjaan itu. Saya mencoba sebaik-baiknya untuk mengikuti jalan yang benar dengan hati yang suci di hadapan Allah.

Allah disenangkan dengan hati yang seperti ini, dan memmpin saya untuk menjalankan sebuah toko peminjaman buku. Semuanya berjalan baik, dan saya merencanakan untuk pindah ke tempat yang lebih besar. Saya mendengar ada satu tempat yang sesuai.

Ketika saya pergi kesana, pemilik toko di sana tidak ingin menandatangani kontrak dengan saya karena usahanya tidak tidak berjalan dengan baik karena toko saya berjalan lancar. Saya menyerah, tetapi ketika saya berpikit dari sudut pandanganya, saya meminta maaf, dan saya berdoa untuk memberkatinya dari dalam hati saya.

Berikutnya, saya kemudian mengetahui, salah satu toko buku besar akan dibuka di depan toko tersebut. Di lokasi demikian saya tidak akan memiliki kompetisi terhadap toko seperti itu. Allah yang mengetahui segala sesuatu bekerja untuk kebaikan dan mencegah dibuatnya kontrak itu.

Kemudian, saya pindah ke toko yang berbeda. Saya tidak menerima pelajar-pelajar yang nakal. Merokok dan meminum minuman keras dilarang di dalam toko saya. Pada hari Minggu, di mana kami memiliki pelanggan paling banyak, saya menutup pintu toko untuk memelihara Hari Tuhan. Dalam pemikiran manusia, bisnis tidak akan menjadi baik karenanya. Tetapi sebaliknya, jumlah pelanggan malah semakin bertambah dan penjualan juga meningkat. Maka setiap orang harus mengakui bahwa itu adalah berkat dari Allah.

Ngomong-ngomong, saat kita menjadi Kristen, kita juga akan memperoleh anugerah berbicara dalam bahasa lain ataupun pemberian Roh Kudus yang lainnya. Inilah sebagian berkat dari "melihat Allah".

"...Kepada yang seorang Roh yang sama memberikan iman, dan kepada yang lain Ia memberikan karunia untuk menyembuhkan. Kepada yang seorang Roh memberikan kuasa untuk mengadakan mujizat, dan kepada yang lain Ia memberikan karunia untuk bernubuat, dan kepada yang lain lagi Ia memberikan karunia untuk membedakan bermacam-macam roh. Kepada yang seorang Ia memberikan karunia untuk berkata-kata dengan bahasa roh, dan kepada yang lain Ia memberikan karunia untuk menafsirkan bahasa roh itu. Tetapi semuanya ini dikerjakan oleh Roh yang satu dan yang sama, yang memberikan karunia kepada tiap-tiap orang secara khusus, seperti yang dikehendaki-Nya" (1 Korintus 12:9-11).

Apa yang harus kita ingat adalah bahwa jika kita benar-benar mengasihi Allah maka kita seharusnya tidak puas dengan iman seorang anak saja. Kita harus mencoba sebaik mungkin untuk membuang semua kejahatan dari dalam hati kita dan menjadi dikuduskan dengan cepat sehingga kita akan dewasa dalam iman dan mengerti hati Allah.

2 Korintus 7:1 berkata, *"Karena kita sekarang memiliki janji-janji itu, marilah kita menyucikan diri kita dari semua pencemaran jasmani dan rohani, dan dengan demikian menyempurnakan kekudusan kita dalam takut akan Allah."* Seperti dikatakan, marilah kita membuang semua kotoran dari dalam hati dan menyempurnakan kekudusan dalam kita.

Saya berharap kita akan kaya dalam segala hal dan menerima apapun yang kita minta, seperti pohon yang ditanam di tempat dimana air tidak pernah kering, tetapi menghasilkan buah yang berlimpah-limpah bahkan dalam masa kekeringan. Saya juga berharap bahka kita semua akan mampu untuk melihat Allah secara tatap muka dalam kerajaan surga yang kekal.

Bab 7

— ⁓⁓ —

Berbahagialah Orang yang Membawa Damai, Karena Mereka Akan Disebut Anak-Anak Allah

Matius 5:9

"Berbahagialah orang yang membawa damai,
karena mereka akan disebut anak-anak Allah."

Ketika ada dua negeri yang berbagi perbatasan, mereka mungkin memililki masalah atau bahkan berperang satu sama lain demi menerima keuntungan atau kepentingan mereka sendiri. Tetapi ada dua negeri yang berbagi perbatasan yang sama, tetapi mereka hidup damai untuk waktu yang lama. Kedua negara yang dimaksud itu adalah Argentina dan Chili.

Dulu, mereka mengalami krisis yang hampir membawa mereka ke dalam peperangan karena masalah mengenai perbatasan. Pemimpin-pemimpin agama dari kedua negara membela dengan berkata bahwa kasih adalah satu-satunya jalan untuk menjaga kedamaian antara dua negara tersebut. Orang-orang menerima apa yang mereka katakan dan memilih untuk berdamai. Mereka mendirikan sebuah tugu dengan Alkitab dari Efesus 2:14, *"Karena Dialah damai sejahtera kita, yang telah mempersatukan kedua pihak dan yang telah merubuhkan tembok pemisah, yaitu perseteruan,"*

Untuk memiliki kedamaian antara negara-negara adalah dengan memiliki hubungan yang baik di antara mereka, dan dalam hubungan pribadi mereka harus memiliki hati yang nyaman antara satu sama lain. Namun, arti rohani dari berdamai dengan Allah memiliki sedikit perbedaaan. Yaitu untuk mengorbankan diri kita sepenuhnya untuk orang lain dan melayani mereka. Yaitu untuk merendahkan diri kita untuk meninggikan orang lain. Kita tidak boleh bersikap kasar. Bahkan walaupun kita benar, kita dapat mengikuti pendapat orang lain kecuali pendapat mereka itu merupakan ketidakbenaran.

Dan juga untuk mencari keuntungan orang lain. Tidak

bersikeras atas pendapat pribadi kita, tetapi mempertimbangkan pendapat orang lain terlebih dahulu. Selain itu juga untuk mengikuti pendapat dari orang lain dan tidak memiliki keberpihakan dan harmonis dengan kedua sisi dari setiap masalah atau situasi yang ada. Agar dapat menjadi pembawa damai, kita perlu mengorbankan diri kita. Oleh karena itu, arti rohani dari damai adalah untuk mengorbankan diri kita bahkan memberikan hidup kita.

Yesus Membawa Damai degan Mengorbankan Dirinya

Ketika Allah menciptakan manusia pertama yaitu Adam, ia adalah roh yang hidup. Ia menikmati kekuasaan dalam mengatur semua yang ada. Tetapi, saat dosa datang ke dalam dirinya dengan memakan buang terlarang, Adam dan semua keturunannya menjadi orang-orang berdosa. Sekarang ada sebuah tembok dosa di antara Allah dan manusia.

Seperti yang tertulis dalam Kolose 1:21, *"...Juga kamu yang dahulu hidup jauh dari Allah dan yang memusuhi-Nya dalam hati dan pikiran seperti yang nyata dari perbuatanmu yang jahat,"* manusia dipisahkan dari Allah karena dosa.

Manusia menjadi berdosa sejak zaman Adam, dan Yesus, Anak Allah, menjadi penenbus yang mengorbankan diri-Nya bagi kita. Ia mati di kayu salib untuk menghancurkan tembok dosa antara Allah dengan manusia dan membuat kedamaian. Seseorang mungkin bertanya, "Mengapa semua manusia harus menjadi berdosa karena dosa Adam karena ia hanyalah satu orang?" Ini sama seperti zaman dulu saat masih ada perbudakan. Sekali seseorang menjadi seorang budak, semua keturunannya terlahir sebagai budak.

Roma 6:16 berkata, "Apakah kamu tidak tahu, bahwa apabila kamu menyerahkan dirimu kepada seseorang sebagai hamba untuk mentaatinya, kamu adalah hamba orang itu, yang harus kamu taati, baik dalam dosa yang memimpin kamu kepada kematian, maupun dalam ketaatan yang memimpin kamu kepada kebenaran?" Karena Adam menaati Iblis si musuh dan melakukan diosa, setiap orang setelahnya menjadi orang yang berdosa.

Untuk membawa kedamaian antara Allah dan manusia yang menjadi berdosa, maka Yesus yang tak berdosa disalibkan. Kolose 1:20 berkata, *"Dan oleh Dialah Ia memperdamaikan segala sesuatu dengan diri-Nya, baik yang ada di bumi, maupun yang ada di sorga, sesudah Ia mengadakan pendamaian oleh darah salib Kristus."* Yesus menjadi korban tebusan untuk pengampunan dosa-dosa kita dan Ia membawa damai antara Allah dan manusia.

Apakah Anda Seorang Pembawa Damai?

Seperti Yesus yang turun ke dunia ini untuk dalam tubuh

manusia dan menjadi pembawa damai, Allah ingin kita pun memiliki damai. Tentu saja, ketika kita percaya kepada Allah dan belajar akan kebenaran, biasanya kita tidak akan secara sengaja menghancurkan kedamaian. Tetapi sepanjang kita memiliki pemikiran kebenaran kita sendiri yang menganggap bahwa kita yang benar, kita mungkin secara tak sadar menghancurkan kedamaian.

Kita dapat menyadari apakah kita orang yang seperti ini dengan memeriksa apakah Anda membuat situasi menjadi nyaman bagi orang lain atau sebaliknya orang lain yang mencoba membuat segalanya nyaman bagi Anda. Sebagai contoh, antara seorang suami dan seorang istri, misalkan seorang istri tidak menyukai makan yang asin sedangkan suaminya menyukai makanan asin.

Sang istri memberitahu suaminya bahwa makanan asin tidak baik untuk kesehatan, tetapi ia masih saja menyukai makanan asin. Jadi, sang istri tidak mengerti suaminya. Dari sudut pandang suami, ia tidak dapat dengan mudah mengubah seleranya dengan cepat.

Di sini, jika sang istri bersikeras bahwa suaminya harus mengikuti sarannya karena ia merasa benar, maka mungkin akan terjadi pertengkaran. Oleh karena itu, untuk memiliki damai, kita harus mempertimbangkan orang lain dan membantu mereka untuk mengerti dan mengubah sedikit demi sedikit untuk menjadi lebih baik.

Demikian juga, ketika kita mellihat sekeliling, kita dapat dengan mudah melihat bahwa kedamaian hancur karena hal-hal yang kecil. Itu terjadi karena kebenaran kita sendiri menganggap bahwa kita yang benar.

Oleh karena itu, Kita harus menyelidiki diri kita apakah kita mencari kepentingan diri kita sendiri sebelum kepentingan orang lain, atau apakah kita mencoba untuk bersikeras atas pendapat kita karena kita merasa benar dan berbicara benar, meskipun kita tahu bahwa orang lain memiliki kesulitan. Kita juga harus menyelidiki apakah kita ingin orang di bawah kita untuk tunduk tanpa syarat dan mengikuti kita hanya karena kita adalah senior.

Kemudian kita dapat menyadari apakah kita benar-benar pembawa damai. Biasanya, mudah untuk berdamai dengan orang yang baik kepada kita. Tetapi Allah menyuruh kita untuk berdamai dengan semua manusia dan mengejar pengudusan.

"Berusahalah hidup damai dengan semua orang dan kejarlah kekudusan, sebab tanpa kekudusan tidak seorangpun akan melihat Tuhan" (Ibrani 12:14).

Kita harus mampu untuk berdamai dengan orang-orang yang tidak menyukai kita, membenci kita, atau menyebabkan kita mengalami kesulitan-kesulitan. Meskipun tampak bahwa kita sepenuhnya benar, namun jika orang lain mengalami kesulitan atau ketidaknyamanan karena kita, hal itu tidak benar dalam pandangan Allah. Lalu, bagaimana bisa kita berdamai daengan semua orang?

Berdamai dengan Allah

Pertama-tama, kita harus berdamai dengan Allah.

Yesaya 59:1-2 berkata, *"Sesungguhnya, tangan TUHAN tidak kurang panjang untuk menyelamatkan, dan pendengaran-Nya tidak kurang tajam untuk mendengar. tetapi yang merupakan pemisah antara kamu dan Allahmu ialah segala kejahatanmu, dan yang membuat Dia menyembunyikan diri terhadap kamu, sehingga Ia tidak mendengar, ialah segala dosamu."* Jika kita melakukan dosa, sebuah tembok dosa akan menghalangi kita dari Allah.

Oleh karena itu, untuk dapat berdamai dengan Allah adalah dengan tidak memiliki tembok dosa antara Allah dengan kita.

Ketika kita menerima Yesus Kristus, kita diampuni dari segala dosa yang kita lakukan bahkan sampai saat ini, (Efesus 1:7). Oleh karena ini, tembok dosa antara Allah dan manusia dihancurkan dan terciptalah kedamaian.

Tetapi kita harus memegang dalam pikiran kita bahwa jika kita terus melakukan dosa setelah dosa kita diampuni, maka tembok dosa itu akan terbentuk kembali.

Kita dapat mengerti dari Alkitab bahwa ada berbagai masalah yang disebabkan oleh dosa. Ketika Yesus menyembukan orang lumpuh dalam Matius pasal 9, pertama-tama Ia mengampuni dosanya. Setelah Ia menyembuhkan seorang yang telah sakit selama 38 tahun, Ia berkata, dalam Yohanes 5:14, *"Engkau telah sembuh; jangan berbuat dosa lagi, supaya padamu jangan terjadi yang lebih buruk."*

Oleh karena itu, ketika kita bertobat dari dosa-dosa kita, berbalik dan hidup menurut firman Allah, kita dapat berdamai dengan Allah. Sehingga kita juga dapat menerima berkat sebagai anak-anak-Nya. Jika kita memiliki penyakit, kita akan disembuhkan dan menjadi sehat, jika kita memiliki kesulitan finansial, masalah ini akan pergi dan kita akan menjadi kaya. Dalam hal ini, kita menerima jawaban-jawaban bagi keinginan hati kita.

Berdamai dengan Diri Sendiri

Selama kita memiliki kebencian, iri, kecemburuan dan jenis kejahatan lainnya, maka semua kejahatan itu akan mengacaukan sesuai dengan situasi. Maka, kita akan menderita karenanya, dan kita tidak dapat memiliki damai.

Ada peribahasa Korea berkata seperti ini, "Ketika sepupumu membeli tanah, Anda mengalami sakit perut." Ini adalah ungkapan rasa iri hati. Seorang akan menderita karena iri, tidak menyukai keadaan dimana orang lain berbahagia. Demikian juga, selama kita memiliki iri hati, cemburu, kesombongan, perselisihan, pikiran yang tidak dewasa, dan bentuk-bentuk kejahatan lainnya, kita tidak dapat memiliki kedamaian. Roh Kudus dalam kita akan merintih juga, sehingga hati kita akan merasa menderita.

Oleh karena itu, untuk berdamai dengan diri kita, kita harus membuang kejahatan dari dalam hati kita dan mengikuti keinginan Roh Kudus.

Ketika kita menerima Yesus Kristus dan berdamai dengan Allah, Allah mengirimkan hadiah Roh Kudus ke dalam hati kita (Kisah Para Rasul 2:38).

Roh Kudus, hati Allah, membuat kita memanggil Allah dengan 'Bapa.' Ia membuat kita menyadari tentang dosa, kebenaran, dan penghakiman. Anak-anak Allah kemudian dapat hidup dengan firman Allah, dituntun oleh Roh Kudus.

Ketika kita melakukan firman Allah dan mengikuti keinginan Roh Kudus dengan bantuan dari Roh Kudus, Ia bersukacita dalam hati kita. Jadi, kita dapat memiliki penghiburan dalam hati, dan kita dapat berdamai dengan diri kita.

Selanjutnya, sampai ke tahapan di mana kita sepenuhnya membuang kejahatan dari dalam hati kita, kita tidak memiliki lagi pergumulan melawan dosa, sehingga kita dapat berdamai penuh dengan diri kita sendiri. Hanya setelah kita berdamai dengan diri kita, maka kita dapat berdamai dengan orang lain juga.

Berdamai di Antara Manusia

Terkadang, kita dapat melihat orang-orang yang bersemangat

dan bergairah pada perintah yang diberikan Allah mereka. Mereka mengasihi Allah dan mengabdikan diri mereka, tetapi mereka tidak berdamai dengan saudara seiman mereka. Jika mereka menganggap hal itu bermanfaat bagi kerajaan Allah, mereka tidak mendengarkan pendapat orang lain melainkan hanya melanjutkan pekerjaan itu dengan semangat. Kemudian, orang-orang akan menjadi tidak nyaman dan merasakan kebencian terhadap mereka.

Dalam situasi ini, orang-orang yang tidak berdamai dengan orang lain akan berpikir bahwa itulah harga yang harus mereka bayar demi mengerjakan sesuatu yang baik bagi kerajaan Allah. Mereka tidak terlalu peduli bahkan jika ada orang yang memiliki pandangan yang berlawanan dengan pandangan mereka, atau jika mereka menyebabkan perasaan tidak nyaman yang tumbuh dalam diri orang lain.

Tetapi orang-orang yang memiliki kebaikan akan mempertimbangkan kepentingan semua orang, sehingga mereka dapat mengikuti kedamaian dan merangkul orang lain. Jadi, banyak orang dapat datang kepada mereka.

Kebaikan adalah hati kebenaran yang mengikuti kebaikan dalam kebenaran. Ini adalah dengan bersikap baik dan pemurah. Dan juga, menganggap orang lain lebih baik daripada kita dan mempedulikan orang lain (Filipi 2:3-5).

Matius 12:19-20 berkata, *"Ia tidak akan berbantah dan tidak akan berteriak dan orang tidak akan mendengar suara-Nya di jalan-jalan. Buluh yang patah terkulai tidak akan diputuskan-Nya, dan sumbu yang pudar nyalanya tidak akan dipadamkan-Nya, sampai Ia menjadikan hukum itu menang."* Jika kita memiliki kebaikan seperti ini, kita tidak akan bertengkar dengan orang lain. Kita tidak akan mencoba memegahkan diri atau ditinggikan. Kita akan mengasihi orang-orang yang lemah seperti buluh yang terkulai ataupun yang jahat seperti sumbu yang pudar nyalanya. Kita akan merangkul mereka dan mengharapkan yang terbaik bagi mereka.

Sebagai contoh, misalkan anak pertama membeli hadiah yang sangat bagus untuk orangtuanya karena ia mengasihi mereka. Tetapi jika ia mengkritik saudaranya yang tidak melakukan hal sama, bagaimanakah perasaaan orangtuanya tentang hal ini? Kemungkinan, mereka lebih menginginkan anak-anak mereka untuk berdamai dan saling mengasihi daripada menerima hadiah yang bagus dan mahal.

Sama halnya, Allah ingin kita mengerti hati-Nya dan menyerupai hati-Nya dahulu daripada menyelesaikan Kerajaannya dengan dengan hebat. Kecuali ini adalah ketidakbenaran mutlak, kita harus penuh perhatian terhadap orang-orang yang beriman lemah untuk mengikuti perdamaian.

Sejak menggembalakan gereja ini, saya tidak pernah memiliki perasaan yang tidak nyaman terhadap pendeta atau pekerja yang tidak mengahasilkan buah yang baik. Saya melihat mereka dengan iman dan dengan ketekunan hati hingga mereka menerima kekuatan lebih dari Allah dan memenuhi kewajiban mereka dengan baik.

Jika saya hanya bersikeras pada sudut pandang saya, saya

mungkin telah menasihati mereka dengan berkata seperti, "Kenapa anda tidak melakukan pekerjaan lain, menerima kuasa lebih tahun depan, dan lalu anda dapat kembali ke pekerjan ini nanti."

Tetapi karena takut bahwa ada orang yang akan berkecil hati, saya tidak melakukannya. Saat kita memiliki kebaikan untuk tidak mematahkan buluh yang terkulai atau memadamkan sumbu yang pudar nyalanya, maka kita dapat berdamai dengan semua orang.

Berdamai Melalui Pengobanan Kita

Yohanes 12:24 berkata, *"Aku berkata kepadamu: Sesungguhnya jikalau biji gandum tidak jatuh ke dalam tanah dan mati, ia tetap satu biji saja; tetapi jika ia mati, ia akan menghasilkan banyak buah."* Seperti telah dikatakan, ketika kita mengorbankan diri kita sepenuhnya dalam setiap aspek, kita dapat memiliki damai dan buah yang berlimpah-limpah. Yaitu, ketika biji gandum jatuh ke dalam tanah dan mati, ia akan menghasilkan banyak buah.

Apakah yang Yesus lakukan? Ia mengorbankan diri-Nya sendiri sepenuhnya. Ia disalibkan untuk manusia yang semuanya adalah orang yang berdosa. Ia membuka jalan keselamatan dan mendapatkan kembali anak-anak Allah yang tak terhitung jumlahnya.

Oleh karena itu, ketika kita berkorban terlebih dahulu, ketika kita melayani orang dalam setiap aspek, apakah dalam keluarga, tempat kerja atau gereja, sehingga kita dapat memililki buah kedamian yang indah.

Setiap orang memiliki ukuran iman yang berbeda (Roma 12:3). Setiap orang memiliki ide dan pandangan yang berbeda-beda. Tingkat pendidikan, karakter dan lingkungan di mana mereka dibesarkan adalah berbeda, sehingga setiap orang memiliki standar yang berbeda dalam apa yang ia suka dan apa yang ia anggap benar.

Setiap orang memiliki standar yang berbeda, sehingga jika setiap orang bersikeras dengan apa yang ia inginkan, kita dapat akan pernah dapat berdamai. Bahkan jika kita benar, dan bahkan jika kita mungkin memiliki ketidaknyamanan karena orang lain, kita harus mengorbankan diri kita untuk berdamai.

Misalkan saja ada dua kakak beradik yang memilki jenis kehidupan yang sepenuhnya berbeda berbagi kamar.

Anak yang lebih tua menyukai kebersihan, tetapi anak yang lebih muda tidak begitu menyukainya. Sang kakak meminta adiknya untuk berubah. Ketika adiknya tidak mendengarkan untuk kedua kalinya, sang kakak mungkin akan jengkel. Ia akan akhirnya menunjukkan kekesalannya juga. Akhirnya, akan terjadi sebuah pertengkaran.

Disini, jelas lebih baik memiliki kamar yang bersih, tetapi jika kita marah dan menyinggung orang lain dengan perkataan kita, hal itu tidaklah benar. Bahkan jika kita mungkin merasa tidak nyaman, kita harus menunggu dengan kasih untuk orang itu hinga ia berubah dan berdamai.

Ada seorang pria bernama Minson. Ia kehilangan ibunya ketika ia masih sangat muda. Ia memiliki ibu tiri. Ibu tirinya mempunyai dua anak laki-laki yang lebih kecil.

Ia memperlakukan Minson dengan buruk, ia memberikan makanan yang baik dan pakaian yang baik hanya untuk anak-anaknya sendiri. Minson harus menggigil dalam dinginnya musim dingin mengenakan palaian yang terbuat dari alang-alang.

Saat musim dingin, ketika Minson mendorong kereta yang ayahnya tarik, ia menggigil dengan kuat sehingga getarannya terasa lewat kereta. Ayahnya menyentuh pakaian anaknya dan akhirnya menyadari anaknya menegenakan pakaian dari alang-alang.

"Bagaimana bisa dia melakukan ini?" Ia marah sekali, dan ingin mengusir istri barunya dari rumah. Tetapi saat itu Minson memohon agar ayahnya tidak melakukannya. "Ayah, tolong jangan marah. Ketika ibunya disini, hanya saeorang anak yang akan menderita tetapi jika ia diusir ketiga orang anak akan menderita".

Ibu tirinya tersentuh dengan apa yang ia katakan. Ia menyesali perbuatannya yang salah itu dengan berurai air mata dan mereka memiliki keluarga yang damai setelah itu.

Demikianlah, siapa yang memiliki kelembutan seperti kapas, dan tidak memiliki perselisihan atau masalah dengan orang lain di mana pun akan diterima dan dicintai. Orang yang seperti ini adalah pembawa damai. Mereka dapat mengorbankan diri mereka sendiri untuk orang lain bahkan memberikan hidup mereka.

Abraham Sang Pembawa Damai

Banyak orang ingin memiliki kedamaian dalam kehidupan mereka, tetapi mereka tidak benar-benar dapat melakukannya. Itu karena mereka mencari keuntungan dan kepentingan mereka sendiri.

Jika kita tidak mencari kepentingan diri kita sendiri, mungkin kelihatannya kita akan mengalami kehilangan, tetapi dengan mata iman, itu tidaklah benar. Ketika kita mengikuti kehendak Allah untuk mencari kepentingan orang lain, Allah akan membalasnya dengan jawaban dan berkat-Nya.

Dalam Kejadian pasal 13 kita melihat Abraham dan keponakannya Lot. Lot telah kehilangan ayahnya waktu ia muda dan mengikuti Abraham seperti ayahnya sendiri. Sebagai hasilnya, ia akan menerima berkat ketika Abraham dikasihi dan diberkati Allah. Kekayaan mereka sangat banyak. Tidak hanya emas dan perak, tetapi juga ternak. Sehingga, jumlah air tidaklah cukup, dan gembala-gembala dari dua pihak berselisih.

Akhirnya, untuk mencegah pertengkaran antara keluaga, Abraham memutuskan untuk berpisah tempat tinggal. Pada waktu itu, Abraham memberikan hak kepada Lot untuk memilih duluan negeri mana yang lebih baik.

"Bukankah seluruh negeri ini terbuka untuk engkau? Baiklah pisahkan dirimu dari padaku; jika engkau ke kiri, maka aku ke kanan, jika engkau ke kanan, maka aku ke kiri" (Kejadian 13:9).

Lalu, Lot memilih lembah Yordan karena memili air yang banyak. Dari sudut pandang Abraham, Lot diberkati karena dia, dan dalam aturan keluarga, ia adalah paman dan Lot adalah keponakan, sehingga ia ia dapat duluan yang memilih negeri yang lebih baik. Dan juga, jika Abraha telah memberikan pilihan pertama kepada Lot hanya sebagai basa-basi, ia pasti akan menganggap bahwa perbuatan Lot itu tidak pantas.

Tetapi, dari dalam hatinya, Abraham menginginginkan keponakannya Lot untuk mengambil negeri yang lebih baik. Itulah sebabnya ia dapat berdamai dengan Lot, dan sebagai hasilnya, ia menerima bahkan berkat yang lebih besar dari Allah.

"Setelah Lot berpisah dari pada Abram, berfirmanlah TUHAN kepada Abram: 'Pandanglah sekelilingmu dan lihatlah dari tempat engkau berdiri itu ke timur dan barat, utara dan selatan,sebab seluruh negeri yang kaulihat itu akan Kuberikan kepadamu dan kepada keturunanmu untuk selama-lamanya. Dan

Aku akan menjadikan keturunanmu seperti debu tanah banyaknya, sehingga, jika seandainya ada yang dapat menghitung debu tanah, keturunanmupun akan dapat dihitung juga. Bersiaplah, jalanilah negeri itu menurut panjang dan lebarnya, sebab kepadamulah akan Kuberikan negeri itu'" (Kejadian 13:14-17).

Sejak itu, kekayaan dan kekuasaan Abraham begitu besar sehingga ia dihargai bahkan oleh raja-raja disekelilingnya. Dengan hatinya yang baik, ia bahkan dapat dipanggil sebagai seorang 'sahabat Allah.'

Ia yang mencari kepentingan bagi orang lain dalam segala hal akan melakukan apa yang orang lain inginkan, Bukan yang ia inginkan. Jika ia ditampar di pipi kanannya, ia akan memberikan pipi kirinya. Ia dapat memberi kita juga jubahnya kepada seseroang yang meminta pakaiannya, dan ia dapat pergi 2 mil dengan orang yang memaksanya untuk berjalan 1 mil (Matius 5:39-41).

Seperti Yesus yang juga berdoa bagi orang-orang yang menyalibkan-Nya, ia dapat berdoa juga bagi musuh-musuhnya dan untuk berkat bagi mereka. Ia dapat berdoa bagi orang-orang yang menganiayanya. Ketika kita mengorbankan diri kita dari hati kita yang paling dalam dan menacri keuntungan orang lain, kita akan memililki kedamaian.

Damai Hanya dalam Kebenaran

Satu hal yang harus kita perhatikan adalah ada perbedaan antara menjadi sabar dan menutupi kesalahan orang lain untuk memiliki kedamaian dan hanya menyangkal seseutu secara remeh. Memiliki damai bukan berarti kita hanya menolak atau berkompromi dengan orang ketika seorang saudara jatuh ke dalam dosa. Kita memang harus memiliki damai dengan setiap orang tetapi kita harus memiliki damai itu dalam kebenaran. Sebagai contoh, kita mungkin diminta untuk sujud kepada berhala oleh anggota keluarga atau kolega di tempat kerja. Mereka mungkin meminta kita untuk meminum mnuman beralkohol. Ini bertentangan dengan firman Allah (Keluaran 20:4-5, Efesus 5:18), sehingga kita harus menolaknya dan memilih jalan yang berkenan bagi Allah.

Tetapi saat kita melakukannya, kita harus berhikmat. Kita tidak boleh menyakiti perasaan orang lain. Kita harus baik kepada mereka setiap waktu. Kita harus mendapatkan hati mereka dengan iman kita. Kita kemudian dapat membujuk mereka dengan hati yang lembut dan meminta pengertian mereka.

Ini adalah kesaksian seorang saudari di gereja kita. Setelah ia bekerja, ia memiliki beberapa masalah dengan rekan kerjanya untuk beberapa waktu. Mereka menginginkan dia untuk datang untuk menghadiri pertemuan pada hari minggu, tetapi ia ingin menjaga kekudusan Hari Tuhan.

Sehingga rekan-rekan kerja dan atasannya dengan sengaja meninggalkannya. Tetapi ia tidak peduli akan hal itu dan hanya tetap bekerja dengan iman, bahkan dengan sukarela membantu pekerjaan oleh karyawan lainnya. Ketika mereka melihat aroma Kristus yang wangi yang ia berikan, mereka menjadi tersentuh olehnya. Kini, mereka melakukan pertemuan pada hari lain di luar hari Minggu, dan mereka bahkan membuat hari pernikahan mereka pada hari Sabtu, bukan Minggu.

Berkat karena Dipanggil Anak-Anak Allah

Matius 5:9 berkata, *"Berbahagialah orang yang membawa damai, karena mereka akan disebut anak-anak Allah."* Betapakah besarnya berkat ini dengan disebut sebagai anak-anak Allah?

"Anak-anak" di sini bukan merujuk hanya pada laki-laki saja, tetapi semua anak Allah. Tetapi ada sedikit perbedaan arti 'anak' dalam Galatia 3:26 yang berkata, *"Sebab kamu semua adalah anak-anak Allah karena iman di dalam Yesus Kristus."* Dalam Galatia itu merujuk pada anak-anak yang diselamatkan saja. Tetapi 'anak Allah' untuk pembawa damai memiliki arti rohani yang lebih dalam. Yaitu, anak-anak sejati yang dikenal sendiri oleh Allah.

Semua orang yang menerima Yesus Kristus dan memilki iman adalah anak-anak Allah. Yohanes 1:12 berkata, *"Tetapi semua orang yang menerima-Nya diberi-Nya kuasa supaya menjadi anak-anak Allah, yaitu mereka yang percaya dalam nama-Nya.*" Tetapi meskipun kita semua telah diselamatkan dan menjadi anak-anak Allah, tidak setiap orang percaya adalah sama.

Sebagai contoh, di antara banyak anak, ada beberapa orang yang mengerti hati orangtuanya dan memberikan penghiburan sementara yang lainnya hanya memberikan kesulitan kepada orangtuanya.

Demikian juga, bahkan dari sudut pandang Allah, ada anak yang dengan cepat membuang kejahatan dari hati mereka dan taat pada firman sementara anak-anak yang lain tidak berubah bahkan setelah waktu yang lama. Mereka terus saja bersikap tidak taat.

Di sini, anak-anak mana yang akan dianggap lebih baik oleh Allah? Tentu saja orang yang lebih banyak menyerupai Allah, memiliki hati yang murni, dan taat pada firman. Sehingga Kejadian 17:1 berkata, *"Akulah Allah Yang Mahakuasa, hiduplah di hadapan-Ku dengan tidak bercela."* Allah ingin anak-anak-Nya menjadi tidak bercela dan sempurna.

Agar kita dapat disebut sebagai anak-anak Allah, kita harus menyeupai Yesus Penyelamat kita (Roma 6:29). Yesus, Anak Allah, menjadi pembawa damai dengan mengorbankan Diri-Nya sendiri bahkan sampai ke penyaliban-Nya.

Demikian juga, ketika kita menyerupai Yesus dalam mengorbankan diri kita dan mengejar kedamaian kita dapat disebut anak-anak Allah. Kita juga dapat menikmati kuasa rohani dan autoritas yang Yesus nikmati (Matius 10:1).

Sama seperti Yesus menyembuhkan banyak penyakit, mengusir setan-setan, dan membangkitkan orang dari kematian, jika kita disebut sebagai anak-anak Allah maka kita juga dapat menyembuhkan bahkan penyakit yang tidak dapat disembuhkan seperti kanker, AIDS, dan leukemia.

Selanjutnya, bahkan yang pincang, buta, mati, bisu, dan dengan lumpuh dari bayi dapat kembali sempurna. Mata mereka dapat melihat, dan mereka dapat berjalan, dan bahkan yang mati menjadi hidup kembali.

Si musuh Iblis akan ketakutan dan gemetar, sehingga sipa yang ditangkap roh jahat atau kuasa kegelapan akan bebas (Markus 16:17-18). Akan ada manifestasi kesembuhan yang bekerja di luar batas waktu dan ruang. Pekerjaan luar biasa dapat juga terjadi melalui barang-barang yang kita miliki seperti saputangan dalam kisah Paulus (Kisah Para Rasul 19:11-12).

Dan juga, sama seperti Yesus yang meredakan angin dan ombak, kita akan mampu untuk menyebabkan perubahan dalam kondisi cuaca (Matius 8:26-27). Hujan akan berhenti, dan kita bahkan dapat mengubah arah topan atau angin ribut atau membuatnya menghilang. Kita bahkan dapat melihat pelangi di hari yang sangat jernih.

Selain dari ini semua, jika kita disebut anak-anak Allah, kita akan masuk ke dalam Yerusalem Baru yang yang merupakan kediaman singgasana Allah. Di sana kita dapat menikmati kehormatan dan kemuliaan sebagai anak-anak-Nya yang sejati. Jika kita memiliki iman untuk diselamatkan, kita akan masuk ke dalam Surga, tetapi jika kita menjadi anak-anak sejati yang disebut anak-anak Allah, kita dapat masuk ke dalam Yerusalem Baru, tempat kediaman yang paling indah di kerajaan surga.

Betapakah besarnya kehormatan dan kemuliaan dari pangeran yang akan menerima singgasana? Dan jika kita menyerupai Allah sang Penguasa segalanya dan disebut anak-anak Allah, betapa kehormatan dan kemuliaannya akanlah sangat besar! Kita akan diiringi oleh rombongan besar pelayan surga dan malaikat-malaikat, dan kita akan dipuji oleh orang-orang yang tak terhitung jumlahnya di kerajaan surga selamanya.

Terlebih lagi, kita akan menikmati semua jenis hal-hal yang indah dan rumah-rumah yang sangat megah dan menyenangkan di dalam Yerusalam Baru yang luar biasa. Kita akan hidup selamanya dalam kebahagiaan yang sangat indah dan tak dapat terungkapkan.

Oleh karena itu, kita harus mengambil salib kita sendiri dan menjadi pembawa damai dengan hati Allah yang telah mengorbankan diri-Nya sendiri sapai titik Ia disalibkan, sehingga kita dapat menerima kasih dan berkat Allah yang besar.

Bab 8

───── ⨌⨌ ─────

Berbahagialah Orang yang Dianiaya Oleh Sbab Kbenaran, Karena Mrekalah yng Empunya Kerajaan Sorga

Matius 5:10

"Berbahagialah orang yang dianiaya oleh sebab kebenaran, karena merekalah yang empunya Kerajaan Sorga."

"Percaya dalam Yesus Kristus dan menerima keselamatan."

Anda akan menerima berkat dalam segala hal dengan percaya kepada Allah yang Mahakuasa.

Sering pengkotbah berkata bahwa ketika kita percaya dalam Yesus Kristus, kita dapat menerima keselamatan dan berkat dalam segala hal, dan kita dapat berlimpah dalam hidup kita menerima jawaban atas semua masalah kehidupan.

Di dalam gereja kita saja kita memberikan kemuliaan bagi Allah dengan begitu banyak kesaksian setiap minggunya.

Namun, Alkitab juga memberitahu kita bahwa akan ada kesulitan dan aniaya saat kita percaya kepada Yesus Kristus. Kita akan menerima berkat hidup yang kekal dan berkat di bumi ini sampai tingkatan dimana kita berserah dan berkorban demi Tuhan, tetapi kemudian kita juga menerima aniaya (Filipi 1:29).

"Aku berkata kepadamu, sesungguhnya setiap orang yang karena Aku dan karena Injil meninggalkan rumahnya, saudaranya laki-laki atau saudaranya perempuan, ibunya atau bapanya, anak-anaknya atau ladangnya, orang itu sekarang pada masa ini juga akan menerima kembali seratus kali lipat: rumah, saudara laki-laki, saudara perempuan, ibu, anak dan ladang, sekalipun disertai berbagai penganiayaan, dan pada zaman yang akan datang ia akan menerima hidup yang kekal" (Markus 10:29-30).

Dianaya Demi Kebenaran

Apakah arti dari dianaya demi kebenaran? Itulah aniaya yang kita hadapi ketika kita hidup dengan firman Allah mengikuti kebenaran, kebaikan, dan terang.

Tentu saja, kita tidak akan mengalami penyiksaan jika kita berkompromi saja dan tidak dipimpin oleh kehidupan Krsiten yang baik. Tetapi 2 Timotius 3:12 berkata, *"Memang setiap orang yang mau hidup beribadah di dalam Kristus Yesus akan menderita aniaya."* Jika kita mengikuti firman Allah, kita mungkin menghadapi kesulitan atau mengalami penganiayaan tanpa alasan.

Sebagai contoh, ketika kita tidak percaya kepada Tuhan, kita dapat minum-minum dan menggunakan bahawa yang tak sopan dan menunjukkan tingkah laku buruk. Tetapi setelah menerima kasih karunia dari Allah, kita mencoba untuk berhenti minum dan hidup sesuai dengan Allah Sehingga kita secara natural cenderung untuk menjauhkan diri kita dari rekan-rekan kerja dan hubungan yang tidak percaya Allah. Bahkan jika kita melakukan hubungan dengan mereka, mereka tidak dapat menikmati hal yang sama sepeerti kita sebelumnya, sehingga mereka mungkin akan kecewa atau mengatakan hal yang menentang tingkah laku kita yang baru.

Dalam kisah saya juga, sebelum saya menerima Tuhan, saya memiliki banyak teman yang suka minum dengan saya. Ketika para kerabat berkumpul kami juga akan minum banyak. Tetapi setelah saya menerima Tuhan, Saya mengerti, dalam sebuah kebaktian kebangunan rohani, kehendak Allah yang memberitahu kita untuk tidak lagi mabuk, dan dengan segera saya berhenti minum.

Saya tidak menyediakan minuman beralkohol kepada saudara-saudara saya, keluarga atau teman-teman. Sehingga mereka mengeleuh kepada saya bahwa Saya tidak melayani mereka seperti yang seharusnya.

Terlebih lagi, setelah kita menerima Tuhan dan memelihara kekuudusan hari Tuhan, kita kadang-kadang tidak dapat menghadiri acara dari tempat kerja kita atau pertemuan sosial lainnya. Dalam sebuah keluarga yang bukan keluarga injil, kita bahkan mungkin akan menghadapi aniaya karena kita tidak sujud menyembah berhala.

Setan Membenci Terang

Lalu, kenapa kita harus menderita saat kita percaya dalam tuhan. Ini sama halnya dengan minyak dan air yang tidak dapat bersatu. Allah adalah Terang, dan siapa yang percaya kepada Tuhan dan hidup dalam firman secara rohani adalah milik terang (1 Yohanes 1:5). Tetapi tuan atas dunia ini adalah si musuh Iblis dan setan, yang merupakan penguasa kegelapan (Efesus 6:12).

Karenanya, sama seperti kegelapan menghilang dimana ada terang, maka saat orang percaya yang merupakan terang itu jumlahnya bertambah, kuasa si musuh Iblis dan setan akan berkurang. Iblis dan setan dapat mengendalikan orang-orang dunia yang menjadi milik mereka. Mereka menghasut orang-orang itu untuk menganiaya para orang percaya supaya mereka tidak menjadi orang percaya lagi.

Yohanes 3:20-21 berkata, *"Sebab barangsiapa berbuat jahat, membenci terang dan tidak datang kepada terang itu, supaya perbuatan-perbuatannya yang jahat itu tidak nampak. tetapi barangsiapa melakukan yang benar, ia datang kepada terang, supaya menjadi nyata, bahwa perbuatan-perbuatannya dilakukan dalam Allah."*

Siapa yang memiliki hati yang baik mungkin tersentuh dan menerima injil ketika mereka melihat orang lain hidup elh fiman Allah dalam kebenaran. Tetapi siapa yang jahat akan menganggap hal-hal itu sebagai kebodohan. Karena itu mereka membenci dan menganiaya orang-orang percaya.

Ada orang yang mencoba untuk membujuk orang-orang percaya dengan logika mereka. Mereka berkata, "apakah kalian harus enjadi orang yang ekstrem? Ada orang-orang yang dibesarkan dalam keluarga Kristen. Beberapa dari mereka merupakan penatua di dalam gereja, tetapi mereka masih saja minum." Tetapi anak-anak Allah seharusnya tidak pernah meakukan hal-hal yang tidak benar yang Allah benci hanya karena kolega-kolega, keluarga, atau teman-teman Anda sedikit terluka perasaannya.

Allah memberikan Anak-Nya yang tunggal bagi kita yang merupakan pendosa. Yesus menerima semua jenis penyiksaan dan hinaan, dan akhirnya mati di kayu salib untuk dosa-dosa kita. Jika kita memikirkan kasih-Nya ini, kita tidak dapat berkompromi dengan dunia dalam aniaya yang bagaimanapun hanya untuk kenyamanan yang sementara.

Kasus-Kasus Dimana Orang Dianaya Demi Kebenaran

Pada tahun 605 SM, oleh invasi raja Babilonia Nebukadnezar, maka Sadrak, Mesakh, dan Abednego menjadi tawanan bersama dengan Daniel. Bahkan dalam kebudayaan asing yang penuh nafsu akan berhala, mereka memegang iman dan kehormatan mereka dalam Allaah.

Suatu hari, mereka menghadapi situasi yang sangat sulit. Raja membuat patung emas dan menyuruh setiap orang di negeri itu untuk menyembah patung tersebut. Jika ada orang yang tidak taat pada perintah raja, ia akan dibuang kedalam tungku berapi.

Sadrakh, Mesakh, dan Abednego dapat dengan mudah menghindar dari masalah apapun hanya dengan sekali saja berlutut menyembahnya, tetapi mereka tidak pernah berlutut.

Karena Keluaran 20:4-5 berkata, *"Jangan membuat bagimu patung yang menyerupai apapun yang ada di langit di atas, atau yang ada di bumi di bawah, atau yang ada di dalam air di bawah bumi. Jangan sujud menyembah kepadanya atau beribadah kepadanya, sebab Aku, TUHAN, Allahmu, adalah Allah yang cemburu, yang membalaskan kesalahan bapa kepada anak-anaknya, kepada keturunan yang ketiga dan keempat dari orang-orang yang membenci Aku."*

Akhirnya, ketiga teman Daniel dilempar ke dalam tungku berapi. Betapa menyentuhnya pengakuan mereka pada saat itu!

"Jika Allah kami yang kami puja sanggup melepaskan kami, maka Ia akan melepaskan kami dari perapian yang menyala-nyala itu, dan dari dalam tanganmu, ya raja. Tetapi seandainya tidak, hendaklah tuanku mengetahui, ya raja, bahwa kami tidak akan memuja dewa tuanku, dan tidak akan menyembah patung emas yang tuanku dirikan itu" (Daniel 3:17-18).

Bahkan dalam situasi yang mengancam hidup, mereka tidak berkompromi untuk memegang iman mereka. Allah melihat iman mereka dan menyelamatkan mereka dari tungku berapi itu.

Dianiaya Karena Kekurangan-Kekurangan Diri Sendiri

Satu hal yang harus kita ingat di sini adalah ada banyak kisah dimana mereka dianiaya karena kekurangan yang mereka miliki dan bukannya dianiaya karena kebenaran seperti ketiga teman Daniel.

Sebagai contoh, ada beberapa orang percaya yang tidak

memenuhi kewajiban mereka dengan mengatakan bahwa mereka sedang melakukan pekerjaan Allah.

Jika pelajar tidak belajar dan jika seorang ibu rumah tangga tidak merawat rumah utnuk berkonsentrasi dalam akitivas gereja, mereka akan dianiaya oleh anggota keluarganya. Penyebab penganiayaan adalah bahwa mereka mengabaikan pelajaran mereka atau pekerjaan rumah. Tetapi mereka salah paham, mengira bahwa mereka telah dianiayan karena mereka melakukan pekerjaan Allah.

Seorang percaya mungkin tidak bekerja keras di tempat kerjanya, dan ia mencoba untuk membagi pekerjaannya sendiri kepada orang lain dengan alasan ia memiliki tugas gereja. Kemudian, ia akan diperingatkan atau dimarahi di tempat kerjanya. Ini bukanlah dianiaya karena kebenaraan.

Sehingga 1 Petrus 2:19-20 berkata, *"Sebab adalah kasih karunia, jika seorang karena sadar akan kehendak Allah menanggung penderitaan yang tidak harus ia tanggung. Sebab dapatkah disebut pujian, jika kamu menderita pukulan karena kamu berbuat dosa? Tetapi jika kamu berbuat baik dan karena itu kamu harus menderita, maka itu adalah kasih karunia pada Allah."*

Berbahagialah Orang yang Dianiaya oleh Sebab Kebenaran

Matius 5:10 berkata, *"Berbahagialah orang yang dianiaya*

oleh sebab kebenaran, karena merekalah yang empunya Kerajaan Sorga." Kenapa Alkitab berkata bahwa mereka diberkati? Penganiayaan yang dialami seseorang karena kejahatan atau pelanggaran tidak dapat menjadi berkat atau upah. Tetapi penganiayaan oleh sebab kebenaran adalah berkat karena ia yang mengalami aniaya sedemikian akan memiliki kerajaan surga.

Sama seperti tanah menjadi semakin keras setelah turun hujan, maka setelah mengalami penganiayaan, hati kita akan menjadi semakin teguh dan sempurna. Kita dapat menemukan ketidakbenaran yang sebelumnya tidak kita sadari dan kemudia membuangnya. Kita dapat menanam kelembutan dan damai dan menyerupai hati Tuhan untuk mengasihi bahkan musuh kita.

Sebelumnya, jika kita ditampar di salah satu pipi kita akan menjadi marah dan kita akan balas memukul. Tetapi melalui penganiayaan, kita menjadi belajar tentang pelayanan dan kasih sehingga kita sekarang bahkan dapat memberikan pipi yang satunya lagi.

Dan juga, siapa yang bersedih dan mengeluh ketika menghadapi permasalahan akan dapat memiliki pondasi iman melalui penganiayaan. Mereka sekarang memiliki harapan akan kerajaan surga dan mereka bersyukur dan bersukacita di dalam berbagai macam situasi.

Biarkan saya menceritakan sebuah contoh yang merupakan kisah nyata. Salah satu dari anggota gereja kita mengalami masalah dengan rekan kerja di kantornya dalam berbagai macam hal. Orang ini memfitnah orang percaya ini tanpa alasan. Tindakan-tindakannya tidak masuk akal, dan si orang percaya ini harus mengalami banyak penderitaan karenanya.

Orang lain berkata bahwa ia adalah seorang yang baik, tetapi melalui situasi ini si oran percaya menemukan bahwa ia juga memiliki kebencian di dalam hatinya. Ia membuat pemikirannya untuk merangkul rekan kerjanya ini dalam hatinya karena Allah memberi tahu kita untuk mengasihi bahkan kepada musuh kita. Ia ingat apa yang disukai orang ini dan kadang-kadang memberikannya.

Ia juga berdoa bagi orang ini, ia menerima kasih sejati bagi orang itu, dan hubungan mereka menjadi lebih dekat dan lebih bersahabat daripada pekerja lainnya di kantor.

Sehingga Mazmur 119:71 berkata, *"Bahwa aku tertindas itu baik bagiku, supaya aku belajar ketetapan-ketetapan-Mu."* Melalui penderitaan seperti ini kita jadi dapat merendahkan diri kita lebih lagi. Kita membuang dan dosa dan kejahatan dan bersandar penuh dalam Tuhan dan menjadi dikuduskan. Pada akhirnya penganiayaan itu akan menghilang dengan sendirinya.

Jika kita dianiaya karena kebenaran, iman kita akan bertumbuh. Kemudian, kita akan dihargai oelh orang-orang disekeliling kita dan juga menerima berkat rohani dan materi yang Allah berikan bagi kita. Selanjutnya, sampai ke tahapan kita mengerjakan kebenaran dalam kita, kita dapat meningkat ke tempat yang lebih baik di dalam kerajaan surga. Jadi betapa besarnya berkat ini!

Tempat kediaman Surga dan Kemuliaan yang Berbeda

Lalu, apakah bedanya antara surga bagi orang-orang yang miskin di hadapan Allah dan surga bagi orang yang dianiaya oleh sebab kebenaran? Sebenarnya terdapat perbedaan yang besar.

Yang pertama adalah surga dengan makna umum di mana semua orang yang diselamatkan akan masuk. Tetapi yang kedua adalah bahwa kita akan masuk ke tempat kediaman di surga sampai ke tahapan bahwa kita dianiaya karena bertindak dalam kebenaran.

Sampai kita memenuhi pengudusan dan menjadi anak-anak sejati yang diinginkan Allah, dan sesuai dengan seberapa baik kita memenuhi tugas-tugas kita, maka tempat tinggal dan upah di surga akan berbeda.

Yohanes 14:2 berkata, *"Di rumah Bapa-Ku banyak tempat tinggal. Jika tidak demikian, tentu Aku mengatakannya kepadamu. Sebab Aku pergi ke situ untuk menyediakan tempat bagimu."*

Juga 1 Korintus 15:41 berkata, *"Kemuliaan matahari lain dari pada kemuliaan bulan, dan kemuliaan bulan lain dari pada kemuliaan bintang-bintang, dan kemuliaan bintang yang satu berbeda dengan kemuliaan bintang yang lain."* Kita dapat melihat bahwa tempat tinggal dan kemuliaan kita akan miliki di surga akan berbeda sesuai dengan tingkat kebenaran yang kita capai.

Yang miskin di hadapan Allah adalah orang-orang yang telah menerima Tuhan dan menerima hak untuk masuk ke dalam kerajaan surga. Mulai dari saat itu, mereka dapat menjadi lemah-lembut dan memiliki hati yang suci oleh dukacita dan pertobatan atas dosa mereka dan membuang semua dosa. Mereka harus terus bertumbuh dalam iman mereka dengan mengikuti kebenaran terus-menerus.

Hanya orang-orang yang menyadari kejahatan mereka, membuangnya, dan menjadi dikuduskan melalui penganiayaan dan pencobaan yang akan masuk ke dalam tempat yang lebih baik di surga dan juga melihat Allah Bapa.

Penganiayaan oleh Karena Tuhan

Sampai tingkatan bahwa kita mengerjakan kebenaran, penganiayaan akan menghilang. Seperti iman kita yang bertumbuh dan kita menjadi lebih dan lebih lagi sempurna, kita akan dihargai oleh orang-orang di sekeliling kita. Terlebih lagi, kita juga dapat menerima berkat rohani dan materi dari Allah.

Kita dapat melihat hal ini dalam kisah ketiga sahabat Daniel. Mereka dianiaya karena mereka berpegang pada kebenaran bagi Allah. Mereka dilemparkan ke dalam tungku api yang tujuh kali lebih panas dari sebelumnya, tetapi Allah melindungi mereka.

Tidak satu helai pun rambut yang terbakar.

Melihat pekerjaan Allah ini, sang raja juga memuliakan Allah yang Mahakuasa. Ia pun meninggikan ketiga orang ini.

Tetapi ini bukan berarti bahwa semua aniaya akan lenyap hanya karena kita telah melakukan kebenaran sepenuhnya dengan mempraktikkan firman Allah. Ada juga aniaya yang harus dilalui para pekerja Tuhan bagi kerajaan Allah.

"Berbahagialah kamu, jika karena Aku kamu dicela dan dianiaya dan kepadamu difitnahkan segala yang jahat.Bersukacita dan bergembiralah, karena upahmu besar di sorga, sebab demikian juga telah dianiaya nabi-nabi yang sebelum kamu" (Matius 5:11-12).

Banyak bapa iman yang ingin mengambil bagian dalam penderitaan untuk memenuhi kehendak Allah. Yang terutama, Yesus asal mulanya dari Allah . Ia seorang tanpa dosa dan tanpa cela, tetapi Ia mengambil hukuman bagi orang-orang berdosa. Untuk dapat memenuhi rencana keselamatan, Ia dicambuk dan disalibkan di tengah-tengah berbagai hinaan dan kutukan.

Rasul Paulus

Mari kita ingat kisah rasul Paulus. Paul mendirikan dasar bagi misi dunia melalui pemberitaan injil bagi orang-orang bukan Yahudi. Melalui tiga perjalanan misinya ia mendirikan banyak gereja. Hal ini tidaklah mudah. Kita dapat melihat betapa sulinya hal itu dalam pengakuannya.

"Apakah mereka pelayan Kristus? aku berkata seperti orang gila--aku lebih lagi! Aku lebih banyak berjerih lelah; lebih sering di dalam penjara; didera di luar batas; kerap kali dalam bahaya maut. Lima kali aku disesah orang Yahudi, setiap kali empat puluh kurang satu pukulan, Tiga kali aku didera, satu kali aku dilempari dengan batu, tiga kali mengalami karam kapal, sehari semalam aku terkatung-katung di tengah laut. Aku banyak berjerih lelah dan bekerja berat; kerap kali aku tidak tidur; aku lapar dan dahaga; kerap kali aku berpuasa, kedinginan dan tanpa pakaian" (2 Korintus 11:23-27).

Bahkan ada orang-orang yang bersumpah untuk tidak makan apa pun hingga mereka bisa membunuh Paulus. Kita dapat membayangkan betapa besar penderitaan yang ia lalui. (Kisah Para Rasul 23:12). Tetapi bagaimanapun situasi penganiayaan, rasul Paulus selalu bersukacita karena ia memiliki harapan akan kerajaan surga.

Ia setia sampai titik kematian demi kerajaan Allah dan kebenaran-Nya, bahkan sampai tidak menyayangkan hidupnya sendiri (2 Timotius 4:7-8).

Bukan berarti anak Allah menderita karena mereka tidak

memiliki kuasa. Ketika Yesus disalibkan, jika Ia mau, Ia dapat memanggil lebih dari 12 legiun malaikat dan menghancurkan semua kejahatan di sana (Matius 26:53).

Musa dan Paulus memiliki kekuatan besar sehingga bahkan orang-orang menganggap mereka sebagai allah (Keluaran 7:1, Kisah Para Rasul 14:8-11). Ketika orang-orang mengambil saputangan atau kain yang disentuh Paulus kepada orang-orang sakit, penyakit-penyakit akan meninggalkan mereka dan setan-setan keluar dari diri mereka. (Kisah Para Rasul 19:12).

Tetapi karena mereka tahu bahwa pemeliharaan Allah akan dipenuhi lebih besar lagi melalui penderitaan mereka, mereka tidak mencoba untuk menolak atau pergi dari penderitaan melainkan menerimanya dengan sukacita. Mereka memberitakan kehendak Allah dengan gairah yang menyala-nyala dan melakukan apa yang Allah perintahkan untuk mereka lakukan.

Hadiah yang Besar Ketika Kita Bersukacita dan Bergembira

Alasan mengapa kita dapat bersukacita dan gembira saat kita dianiaya demi nama Tuhan adalah karena akan ada upah yang besar dalam kerajaan Allah.

Di antara para menteri yang setia di zaman dulu, ada beberapa orang yang ingin mengorbankan hidupnya bagi raja. Raja akan menambahkan kemuliaan dan kehormatan atas kesetiaan mereka. Jika sang menteri meninggal, raja akan memberikan penghargaan itu kepada anak-anaknya.

Seperti yang tertulis dalam Yohanes 15:13, *"Tidak ada kasih yang lebih besar dari pada kasih seorang yang memberikan nyawanya untuk sahabat-sahabatnya,"* mereka membuktikan kasih mereka bagi raja mereka dengan mengorbankan hidup mereka.

Jika kita dianiaya dan bahkan menyerahkan hidup kita bagi Tuhan, bagaimana Allah, yang merupakan tuan atas segala sesuatu, hanya membiarkan hal itu begitu saja? Ia akan mencurahkan bagi kita berkat surga yang tak dapat dibayangkan.

Ia akan memberikan kita tempat kediaman yang lebih baik di dalam kerajaan Surga. Orang-orang yang martir bagi Tuhan akan dikenal atas hati mereka yang mengasihi Tuhan. Mereka akan masuk ke dalam kerajaan surga atau bahkan Yerusalem Baru.

Bahkan jika kita tidak dikuduskan secara penuh, jika kita dapat mengorbankan hidup kita untuk menjadi martir, itu berarti, bahwa kita dapat menjadi kudus sempurna jika diberi lebih banyak waktu.

Rasul Paulus menderita begitu hebat dan bahkan memberikan hidupnya bagi Tuhan. Ia dapat berkomunikasi dengan Allah dengan jelas dan mengalami banyak hal-hal rohani dari surga. Karena ia telah melihat surga, ia menyatakan. *"Sebab aku yakin, bahwa penderitaan zaman sekarang ini tidak dapat dibandingkan dengan kemuliaan yang akan dinyatakan kepada kita"* (Roma 8:18).

Ia juga mengaku dalam 2 Timotius 4:7-8, *"Aku telah mengakhiri pertandingan yang baik, aku telah mencapai garis akhir dan aku telah memelihara iman.Sekarang telah tersedia bagiku mahkota kebenaran yang akan dikaruniakan kepadaku oleh Tuhan, Hakim yang adil, pada hari-Nya; tetapi bukan hanya kepadaku, melainkan juga kepada semua orang yang merindukan kedatangan-Nya."*

Allah tidak melupakan iman dan usaha dari orang-orang yang dianiaya dan bahkan menjadi martir demi Tuhan. Ia membalas pengorbanan demikian dengan penghargaan dan hadiah yang melimpah. Seperti pengakuan rasul Paulus, akan ada kemuliaan dan upah yang luar biasa menunggu.

Bahkan jika kita benar-benar kehilangan kehidupan jasmani kita, semua hal yang kita lakukan bagi Tuhan dengan hati martir dan semua penganiayaan yang kita lalui bagi Tuhan akan dibalas dalam berkat dan hadiah.

Dan juga bagi mereka yang bersukacita dan gembira walaupun mereka dianiaya demi Tuhan, Alllah akan menjawab keinginan hati mereka dan memenuhi kebutuhan mereka untuk menunjukkan fakta bahwa Allah menyertai mereka. Sampai ke tahapan dimana mereka mengatasi kesulitan, iman mereka akan menjadi lebih besar, kemudian mereka akan menerima kuasa dan autoritas yang lebih besar, berkomunikasi dengan Allah dengan lebih jelas dan mampu untuk memanifestasikan pekerjaan kuasa Allah dengan lebih besar.

Tetapi dalam kenyataannya, orang-orang yang

mengorbankan hidupnya bagi Tuhan tidak peduli jika mereka tidak menerima apapun kembali di dunia ini. Mereka dapat semakin bersukacita karena tidak ada yang dapat dibandingkan dengan berkat dan hadiah surgawi yang akan mereka terima kelak.

Berkat bagi Orang yang Ikut Ambil Bagian dalam Penderitaan Tuhan

Kita harus ingat satu hal lagi. Ketika seorang anak Allah menderita karena Tuhan, maka orang-orang yang bersama dengannya juga akan menerima berkat.

Ketika Daud yang dikejar oleh anaknya Absalom akibat dosanya, orang-orang yang percaya mengetahui bahwa Daud adalah anak Allah. Bahkan jika hidupnya terancam, mereka masih bersama dengannya. Akhirnya, ketika Daud menerima anugerah Allah kembali, mereka tdapat meneriam anugerah bersama-sama dengan dia.

Ini adalah kehendak Allah bahwa saat anak Allah menderita demi nama Tuhan, orang-orang yang bersama dengannya dengan hati yang besar juga akan ikut ambil bagian dalam kemuliaannya kelak. Yesus juga memberi tahu murid-murid-Nya tentang hadiah surgawi yang akan mereka terima untuk memberikan mereka lebih banyak harapan.

"Kamulah yang tetap tinggal bersama-sama dengan

Aku dalam segala pencobaan yang Aku alami. Dan Aku menentukan hak-hak Kerajaan bagi kamu, sama seperti Bapa-Ku menentukannya bagi-Ku, bahwa kamu akan makan dan minum semeja dengan Aku di dalam Kerajaan-Ku dan kamu akan duduk di atas takhta untuk menghakimi kedua belas suku Israel" (Lukas 22:28-30).

Gereja kami dan Saya telah melalui banyak penganiayaan dalam mengerjakan kerajaan Allah. Karena kami tahu itu adalah keinginan Allah, maka kami memberitahukan tentang hal-hal rohani yang mendalam, walaupun kami tahu bahwa hal itu juga akan mengakibatkan penganiayaan bagi kita.

Melalui banyak kesulitan yang tidak dapat sungguh-sungguh ditanggung manusia, kami meninggalkan segalanya dalam tangan Allah hanya dengan berdoa dan berpuasa. Kemudian, Allah memberikan kami kekuatan yang lebih besar sebagai bukti bahwa Ia menyertai kami. Ia membuat kami memanifestasikan begitu banyak tanda-tanda dan mukjizat. Bukan hanya banyak penyakit yang disembuhkan tetapi juga kelemahan seperti lumpuh karena polio, buta dan tuli atau bagian tubuh yang lemah sejak lahir dapat dibuat sembuh.

Demikian juga, kami dapat memimpin ratusan, ribuan bahkan jutaan orang ke sisi Tuhan melalui crusade di berbagai negara. Salah satu dari kebaktian besar itu menarik perhatian darri seluruh dunia seperti yang diberitakan oleh CNN.

Di tahun 2005, TV GCN (Global Christian Network)

didirikan dan mulai mengudara selama 24 jam siaran sehari di kota New York dan New Jersey. Hanya dalam satu tahun sejak pendiriannya, Allah memberkati stasiun ini dengan suatu jalan sehingga setiap orang dapat menonton siarannya di mana pun di dunia melalui satelit.

Khususnya, di kebaktian kebangunan rohani New York pada Juli 2006 yang bertempat di Madison Square Garden di kota New York, kebaktian itu disiarkan ke lebih 200 negara di dunia melalui berbagai macam stasiun Kristen seperti, GCN, Cosmovision, GloryStar Network, dan TV Daystar.

Di belakang kemuliaan macam ini ada tangisan doa dari anggota-anggota gereja. Kebanyakan anggota jemaat gereja menjaga gereja denngan berdoa dan berpuasa saat gereja mengalami situasi yang sulit.

Orang yang ikut serta dalam penderitaan dengan Allah memiliki harapan yang melimpah akan kerajaan surga. Mereka tumbuh untuk memilki keberanian dan iman rohani. Segala hal ini kan diberikan kembali kepada mereka sebagai berkat. Keluarga mereka, tempat kerja, dan usaha mereka akan diberkati. Mereka memberi kemuliaan bagi Allah dengan banyak kesaksian.

Oleh karena itu siapa yang mengikuiti berkat sejati akan mampu untuk bersukacita dan bergembiar dari hati mereka yag terdalam ketika mereka dianiaya karena Tuhan. Itu karena mereka akan menantikan berkat yang kekal yang mereka akan terima di kerajaan surga.

Orang yang Mengejar Berkat Yang Benar

Sebuah berkat di pandangan Allah sangatlah berbeda dari berkat yang dipikirkan oleh orang dunia.

Banyak orang berpikir menjadi kaya adalah berkat. Tetapi, Allah berkata bahwa orang yang miskin di dalam hatinya diberkati. Orang menganggap bahwa selalu senang adalah berkat. Tetapi Allah berkata orang-orang yang berdukacita diberkati. Allah berkata orang yang lapar dan haus akan kebenaran dan orang yang lemah-lembut akan diberkati.

Berkat Sejati mengandung berkat dan jalan benar untuk memiliki kerajaan surga dengan hati yang miskin dan untuk menyerupai hati Allah melalui aniaya..

Demikian, jika kita hanya taat pada firman, kita akan mampu untuk membuang segala bentuk kejahatan dan memenuhi hati kita dengan kebenaran. Kita akan mampu untuk sepenuhnya memulihkan gambaran Allah yang lemah-lembut dan kudus dan berkenan kepada Allah. Ini adalah cara untuk menjadi orang beriman dan orang yang memiliki roh yang penuh.

Orang seperti ini sama seperti pohon ditanam di tepi air. Pohon yang ditanam di tepi air akan memiliki persediaan air segar yang melimpah. Walaupun dalam kekeringan atau hari yang panas, mereka akan memiliki daun-daun yang hijau dan menghasilkan buah yang melimpah (Yeremia 17:7-8).

Orang percaya yang hidup dalam firman Allah yang merupakan asal dari semua aliran berkat, tidak akan takut apa pun bahkan dalam kesulitan. Mereka akan selalu mengalami tangan kasih Allah dan berkat.

Karenanya, saya berdoa dalam nama Tuhan bahwa Anda akan menantikan kemuliaan yang akan dibukakan kepada Anda dan menanam Berkat Sejati dalam Anda. Saya berdoa supaya Anda akan dapat menikmati berkat-berkat sejati yang diberikn Allah kepada Anda sampai ke titik yang paling penuh, baik di bumi ini dan di surga.

*"Berbahagialah orang
yang tidak berjalan
menurut nasihat orang fasik,
yang tidak berdiri di jalan orang berdosa,
dan yang tidak duduk dalam kumpulan pencemooh!
tetapi yang kesukaannya ialah Taurat TUHAN,
dan yang merenungkan Taurat itu siang dan malam.*

*Ia seperti pohon
yang ditanam di tepi aliran air,
yang menghasilkan buahnya pada musimnya,
dan yang tidak layu daunnya;
apa saja yang diperbuatnya,
Berhasil"
(Mazmur 1:1-3).*

Penulis
Dr. Jaerock Lee

Dr. Jaerock Lee lahir di Muan, Provinsi Jenona, Republik Korea, pada tahun 1943. Pada saat ia berumur dua puluhan, Dr. Lee menderita berbagai penyakit yang tak tersembuhkan selama 7 tahun dan menunggu kematian dengan tanpa harapan sembuh. Namun, pada suatu hari di musim semi tahun 1974, ia dibawa ke gereja oleh kakak perempuannya dan saat ia berlutut untuk berdoa, Allah yang hidup seketika menyembuhkannya dari segala penyakitnya.

Dari saat Dr. Lee bertemu Allah yang hidup melalui pengalaman indah tersebut, ia telah mengasihi Allah dengan segenap hati dan ketulusannya, dan pada tahun 1978 ia dipanggil untuk menjadi hamba Allah. Ia berdoa dengan tekun dan tak terhitung banyaknya melakukan doa puasa sehingga ia dapat memahami dengan jelas kehendak Allah, melakukannya sepenuhnya, dan menaati Firman Allah. Pada tahun 1982, ia mendirikan Gerja Pusat Manmin di Seoul, Korea, dan tak terhitung banyaknya pekerjaan Allah, termasuk penyembuhan yang ajaib, tanda-tanda dan mukjizat, telah berlangsung di gerejanya.

Pada tahun 1986, Dr. Lee ditahbiskan sebagai pendeta di Sidang Tahunan Jesus's Sungkyul Church of Korea, dan empat tahun kemudian pada 1990, khotbah-khotbahnya mulai disiarkan di Australia, Rusia, Filipina, dan banyak lagi melalui Far East Broadcasting Company, Asia Broadcast Station, dan Washington Christian Radio Station System.

Tiga tahun kemudian di 1993, Gereja Manmin Pusat terpilih sebagai salah satu dari "50 Gereja Terkemuka Dunia" oleh majalah *Christian World* (AS) dan ia menerima gelar Doktor Kehormatan bidang Keagamaan dari Christian Faith College, Florida, AS, dan pada 1996 gelar Ph.D dalam Pelayanan dari Kingsway Theological Seminary, Iowa, AS.

Sejak 1993, Dr. Lee telah menyasar penginjilan dunia melalui kebaktian-kebaktian penginjilan di Tanzania, Argentina, L.A., Kota Baltimore, Hawaii, dan Kota New York AS, Uganda, Jepang, Pakistan, Kenya, Filipina, Honduras, India, Rusia, Jerman, Peru, Republik Demokrasi Kongo, Israel dan Estonia.

Pada tahun 2002 ia disebut sebagai "tokoh kebangkitan dunia" oleh koran-koran Kristen utama di Korea atas pelayanannya yang penuh kuasa di berbagai kebaktian penginjilan luar negeri. Khususnya 'New York Crusade 2006' yang diadakan di Madison Square Garden, arena paling terkenal di dunia ditayangkan ke 220 negara, dan di 'Israel United Crusade 2009' yang diadakan di International Convention Center di Yerusalem ia dengan berani menyatakan bahwa Yesus Kristus adalah Mesias dan Juru Selamat. Khotbah-khotbahnya disiarkan ke 176 negara via satelit termasuk GCN TV dan ia terdaftar sebagai satu dari 10 Pemimpin Kristen Paling Berpengaruh tahun 2009 dan 2010 oleh majalah Kristen Rusia terkenal *In Victory* dan agensi baru *Christian Telegraph* untuk pelayanan siaran TV-nya yang penuh kuasa dan pelayanan kependetaan-gereja luar negerinya.

Pada bulan Februari 2012, Gereja Pusat Manmin memiliki kongregasi dengan lebih dari 120.000 jemaat. Ada 10.000 gereja cabang di seluruh dunia termasuk 54 gereja cabang domestik, dan sejauh ini lebih dari 129 misionaris telah dikirimkan ke 23 negara, termasuk Amerika Serikat, Rusia, Jerman, Kanada, Jepang, China, Prancis, India, Kenya, dan banyak lagi.

Pada tanggal penerbitan buku ini, Dr. Lee telah menulis 64 buku, termasuk buku laris *Merasakan Kehidupan Kekal Sebelum Kematian, Hidupku Imanku I & II, Pesan Salib, Ukuran Iman, Surga I & II, Neraka,* dan *Kuasa Allah.* Karyanya telah diterjemahkan ke lebih dari 73 bahasa.

Kolom Kristennya tampil di *The Hankook Ilbo, The JoongAng Daily, The Chosun Ilbo, The Dong-A Ilbo, The Munhwa Ilbo, The Seoul Shinmun, The Kyunghyang Shinmun, The Hankyoreh Shinmun, The Korea Economic Daily, The Korea Herald, The Shisa News,* dan *The Christian Press.*

Dr. Lee saat ini adalah pemimpin dari berbagai asosiasi: termasuk Ketua, The United Holiness Church of Jesus Christ; Presiden, Manmin World Mission; Presiden Tetap, The World Christianity Revival Mission Association; Pendiri & Ketua Dewan, Global Christian Network (GCN); Pendiri & Ketua Dewan, World Christian Doctors Network (WCDN); aserta Pendiri & Ketua Dewan, Manmin International Seminary (MIS).

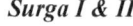

Surga I & II

Dr. Jaerock Leen omaelämäkerta, joka välittää lukijoilleen kauniin hengellisen aromin. Leen elämän on perustunut Jumalan rakkauteen hänen kerran koettua pimeyden tummat aaallot, sen kylmän ikeen ja syvimmän epätoivon.

Hidupku Imanku I & II

Autobiografi Dr. Jaerock Lee yang memberikan aroma rohani yang paling wangi kepada para pembacanya, karena kehidupannya disarikan dari kasih Allah yang mekar dalam gelombang gelap, kuk yang dingin, dan keputusasaan paling mendalam.

Pesan Salib

Pesan kebangunan penuh kuasa bagi semua orang yang tertidur secara rohani! Di dalam buku ini Anda akan menemukan alasan mengapa Yesus menjadi satu-satunya Juru Selamat dan kasih sejati Allah.

Ukuran Iman

Tempat tinggal seperti apakah, serta mahkota dan upah yang bagaimana yang disediakan bagi Anda di surga? Buku ini memberikan dengan hikmat dan bimbingan bagi Anda untuk mengukur iman Anda dan menanam iman yang terbaik dan paling dewasa.

Neraka

Sebuah pesan yang sungguh-sungguh kepada seluruh umat manusia dari Allah yang tidak ingin satu jiwa pun jatuh ke kedalaman neraka! Anda akan menemukan kenyataan yang-belum-pernah-terungkap-sebelumnya mengenai Hades (dunia orang mati bagian bawah) dan neraka.

www.ingramcontent.com/pod-product-compliance
Lightning Source LLC
Chambersburg PA
CBHW061752120626
46550CB00005B/1965